論集 日本仏教史における東大寺戒壇院

ザ・グレイトブッダ・シンポジウム論集第六号

東大寺

表紙カバー　杉本健吉　画伯

序

平成十九年十二月二十二日・二十三日の両日、第六回「ザ・グレイトブッダ・シンポジウム」を開催いたしました。二日間でのべ三百名を超す方々の参加を得て、盛況のうちに終えることが出来ました。毎年参加者が増加し、本シンポジウムもようやく定着しつつあります。

前回までの天平創建、鎌倉復興、江戸復興といった時系列によるテーマ設定に一区切りがついたこともあり、仏教に関わる諸学交流の場である本シンポジウムにおいて、今一度仏教の基本的規律である戒律に目を向け、第六回のテーマを「日本仏教史における東大寺戒壇院」といたしました。「華厳思想」「美術史学・建築史学」「歴史学・考古学」の三部門では、創建期ばかりではなく戒律復興の気運が高まっていた鎌倉時代の戒壇院の活動があきらかにされるなど、戒壇院をめぐるさまざまな専門的報告をおこなっていただきました。

さらに全体討論会では日本ばかりでなく中国・東アジアからの視点など多角的に、また学問・実践の両面から熱のこもった討論が展開されました。

本論集はシンポジウムの報告をもとに書き下ろされた論文と討論会の記録を収録しております。守るべき規律といったものが希薄になってきている現在、本論集が歴史を振り返り、現代社会が抱えるさまざまな問題を考える一助となることを期待いたします。

平成二十年十二月二十日

東大寺別当　上野道善

目次

鑑真の将来した受戒会
―法進撰『東大寺授戒方軌』を中心に―

蓑輪顕量

はじめに

鑑真（六八八―七六三）が日本に来朝したのは天平勝宝六（七五四）年のことであった。栄叡（？―七四九）、普照（？―七三三―？）の招請をうけて日本に正式の伝戒のために赴いたのであったが、その渡日の道程は艱難辛苦に満ちていた。五度の失敗の後、六度目にようやく日本に到達したのであったが、それは渡日を志してから既に十二年の歳月が流れていた。大和の地に入り、開眼供養なった東大寺大仏殿の前で聖武太上天皇、皇太后等に菩薩戒を授け、また日本の比丘たちに初めて正式の受戒を行ったのである。

ところで、鑑真が初めて正式の伝戒を行ったときに、その受戒方法はどのようなものであったのだろうか。インドの地における具足戒受戒は、正式には白四羯磨形式に基づくものであるとされる。それは、いわば新規入門者の指導教員にあたる和尚、受戒の際に遮難が無いかどうかを確認する教授師、受戒の際に戒を授けるとの文言を唱える羯磨師、そして受戒を証明する七人の証人、すべてを併せて三師七証と呼称するが、総勢十名の大僧（一人前の僧侶）が必要とされた。実際に受戒儀式において中心的な役割を果たすのは、羯磨の文言を唱える羯磨師であったが、それは、戒を授ける主体は現前の僧伽であり、僧伽が新規参入者を承認するかどうかが問われたことを意味する。

ところが、いつの間にか授戒において若干異なる意識が持ちこまれたと推定される。というのは、戒を授ける主体は特別な地位にある和尚であると考えられるようになったからである。その和尚は特別に「戒和尚」の名称で呼ばれ、その地位が代々、継承された。東大寺に伝わる「戒和尚次第」(1)は戒和尚が特別の地位にあり、戒を授ける特別な主体であると考えられたことを彷彿とさせる。そして、それは実際に鑑真から始まり、鑑真の弟子である中国人僧侶であった法進に継承され、やがては日本人僧侶の如保、昌禅、豊安に継承されたのである。もっともこのような形式は、彼らが中国から渡来した漢人であったことから考えれば、東アジア世界の伝統であったと推定される。

　では、その鑑真によって創始された正式な伝戒は、具体的にはどのような形態で実施されたのであろうか。実は東大寺大仏殿の前に鑑真が行った本朝最初の具足戒授戒がどのような作法で進行したものであったのか、詳細な記録は存在しない。しかし『東大寺要録』（筒井英俊編『東大寺要録』全国書房、昭和一九年、以降、『東大寺要録』は本書に依る。行数まで示す）には「東大寺始行授戒作法記」なる資料が存在し、鑑真による授戒の時にどのような人たちが関与したのかは若干ながら知ることができる。それによれば、

　東大寺大十師五人、小十師五人、興福寺大小十師各一人、元興寺、大安寺、薬師寺、法隆寺、大小十師、各一人。

（『東大寺要録』三五一、七-九）

とあり、東大寺から五人ずつの大小十師が選任され、興福寺、元興寺、大安寺、薬師寺からも、一人ずつの大小の師が選任されていたことが知られるのである。

　インド仏教からの伝統であれば、大小十師なる存在は奇異である。とすれば、これらの十師は何を起源にし、また彼らはどのような役割を果たしていたのであろうか。

　ところで、幸いにも鑑真の弟子である法進（七〇九―七七八）が、おそらくは鑑真が戒和尚職を退いた後に、戒和尚に任じられていた期間中に撰述したと推定される『東大寺授戒方軌』なる著作が存在する。その方軌は、「行記」に登場する大小十師を登場させており、鑑真以降に実施された授戒方軌がどのようなものであったのかを推定させる貴重な資料であると推知されるのである。

　もちろん、この方軌が鑑真による最初の伝戒の方式を忠実に伝えているとの保証はない。しかし、直接の弟子である法進が撰述したとの伝承を重視すれば、まず間違いなく最初の授戒方式を伝えるものであったと推定して大過はあるまい。そこで、本論文では、この『東大寺授戒方軌』を対象にその授戒の実際を検討し、鑑真によって伝えられたと考えられる授戒方軌を明らかにしたい。

一　十種の具足戒受戒方法

　まず具足戒受戒にどのような形式が存在したのかということから確認しよう。一般に白四羯磨形式がすぐ念頭に浮かぶが、実際には十種類の具足戒受戒が律蔵の中には紹介されている。それは『十誦律』巻五十六（第十誦之一）の記事であるが、次のようにある。

『十誦律』巻五十六（第十誦之一）

　仏は王舎城におられて、比丘たちに語られた。「十種類によって具足戒を明らかにする。何を十とするのか。仏世尊は自然に無師にして具足戒を得た。五人の比丘は道を得てすぐさま具足戒を得た。長老摩訶迦葉は自ら誓ってすぐさま具足戒を得た。蘇陀は仏の論じられるのに随順して答えられたので具足戒を得た。辺地の持律の者はただ五人のみで具足戒を受けることができた。摩訶波闍波提比丘尼は八重法を受けられてすぐさま具足戒を得た。半迦尸尼は使を遣わし具足戒を受けることを得られた。仏は「善く来たれ、比丘よ」と命じ具足戒を得た。三寶に

帰命しおわって三たび「我れは仏に随って出家せん」と唱え、すぐさま具足戒を得た。白四羯磨によって具足戒を得た。是れを十種具足戒と名づける。三種の具足戒を得る（方法）がある。一には「善く来たれ」によって比丘と作る。二には帰命三唱によって、三には白四羯磨によってである。是の中において、まだ白四羯磨を結んでいないで、もし人が帰命して「我は仏に随います」と三たび唱えて出家すれば、それは善受の具足戒である。もし白四羯磨を結んで後に、もし帰依して三たび唱えて出家しても、具足戒を得るとは名づけない。「善く来たれ」によって比丘と作る。白四羯磨を結ぶ前でも、白四羯磨を結んだ後でも、皆な「善く来たれ」によって具足戒を得る。どうしてか。仏は法王であり自ら受戒を与えるからである。學地命終は無いからである。比丘尼たちは三種によって具足戒を受けることができる。一には八重法を受ける。二には使を遣わす。三には白四羯磨である。」

「仏在王舍城。語諸比丘、十種明具足戒。何等十。仏世尊自然無師得具足戒。五比丘得道即得具足戒。長老摩訶迦葉自誓即得具足戒。蘇陀随順答仏論故得具足戒。辺地持律第五得受具足戒。摩訶波闍波提比丘尼受八重法即得具足戒。半迦尸尼遣使得受具足戒。仏命善来比丘得具足戒。帰命三寳已三唱我随仏出家即得具足戒。白四羯磨得具足戒。是名十種具足戒。三種得具足戒。一善来作比丘、二帰命三唱、三白四羯磨。於是中若未結白四羯磨、若人帰命三唱我随仏出家、是善受具足戒。若結白四羯磨後、若帰依三唱出家、不名得具足戒。善来作比丘、若結白四羯磨前、若結白四羯磨後、皆善来得具足戒。何以故。仏法王自與受戒、無有在學地命終故。諸比丘尼三種得受具足戒。一受八重法。二遣使。三白四羯磨。」　（大正二三、四一〇上六-一三）

いささか長い引用になったが、『十誦律』によれば受具足戒の方式に十種類があったことになる。また後半に三種類の得具足戒が示されているが、こちらが一般的であり、それらは（1）「来たれ比丘よ」と仏が唱えることによる、（2）仏に帰命すること三度による、（3）白四羯磨による、とされている。後代に一般化されるのは、白四羯磨形式であることは周知の通りである。さて、日本に仏教が伝えられ、次いで正式に白四羯磨形式の受戒が将来されたのは、奈良朝中期の鑑真の渡来によってであった。

二　鑑真以前の受戒

鑑真以前の受戒がどのようなものであったのか、実際のところはほとんど不明である。三師七証による白四羯磨形式の受戒が存在したのではないか、と上川通夫氏が推測的に述べているが[2]、残念ながら確証はない。上川氏は十師の存在から三師七証の存在を類推し白四羯磨形式の受戒の存在を傍証しようと試みているが、その確証は得られていない。しかし、仏教公伝（『日本書紀』の説に従う）五五二年以来、鑑真の伝戒による正式の受戒が行われた七五四年までの約二〇二年間に、白四羯磨形式の受戒が無かったというのも不自然であろう。たとえば、史実としての信憑性には欠けると言われるが、次のような伝承資料も存在する。

河内国「西琳寺縁起」

僧行会［戊申年四月二八日飛鳥寺受戒受公験］…僧智蔵［養老六年　七二二　三月二三日於薬師寺受戒受公験[3]］

この『西琳寺縁起』の記事をそのまま信用することは躊躇せざるを得ないが、氏寺が登場し、やがて天皇や朝廷が積極的に仏教を受容する時代を迎えていた八世紀の前半期に、数多くの僧侶が存在していたことはほぼ疑い得ない。また玄昉など入唐した僧侶により大蔵経に相等する仏典も将来されており、その中には律蔵も含まれていたことを考えれば、白四羯磨形式による受戒が存在していなかったとすることにも躊躇する。しかし歴史的な確証が得られない状況では断定はできない。ただ少なくとも、入門の儀礼として何らかの形式の具足戒受戒が存在していたとの推測は許容されるであろう。そして実際には、それは『占察経』に基づく受戒であったと考えられる。次の資料を見てみよう。

『延暦僧録』普照伝（宗性『日本高僧伝要文抄』第三所載）

聖朝に至ってより国中の僧は承伏しなかった。無戒にして伝戒の来由を知らなかった。僧数が足りないのである。先ず維摩堂において具さに叙べおわった。此より已後、受戒に伏した。其の中、志忠、霊福、賢璟は、占察経を引用し自誓受戒を許した。そこで瑜伽論決択分第五十三巻をもって追及して云うことには「諸戒は自誓授を容認するが、唯だ声聞の律儀は自受を容認しない。若し自（誓受）を容認すれば、このような律儀はまったく軌範がない。」と。志忠、賢璟等は口を閉ざして答えることがなかった。

「自至聖朝、合国僧不伏。無戒不知伝戒来由。僧数不足、先於維摩堂、已具叙竟。従此已後、伏受戒。其中志忠、霊福、賢璟、引占察経、許自誓受戒。便将瑜伽論決択分第五十三巻、詰云、諸戒容自誓授、唯声聞律儀、不容自受。若容自者、如是律儀、都無軌範。志忠、賢璟等杜口無対。」

（旧『日仏全』一〇一、六九、三－八）

この資料からは鑑真以前の受戒は『占察経』に基づく自誓受戒であったことになる。『占察経』の主張する受戒は三聚浄戒の受戒であるが、それは羯磨師が述べる羯磨文に「三聚浄戒」を受戒すると述べる文言があることに由来する。この受戒に三師七証が居たのかどうか確認の術はないが、羯磨文が『占察経』のものであったとすれば、それはあくまでも便法であって、『律蔵』に基づくものではないから、正式とは認められなかったものとせざるを得ないであろう[4]。

では、実際に鑑真によって将来された受戒儀は、一体どのようなものであったのだろうか。以降、『東大寺要録』に収載された「東大寺受戒方軌」に基づいて検討する。

三　鑑真以降の受戒

(一)　大小十師の存在

まず興味深い点は大小十師の存在である。大法師十人と小法師十人の合計二十人を指し、法師二十人が要請されている。しかし、鑑真以降の受戒において、実際に必要とされる受戒に関与する大僧の人数は合計で二十一名である。それは別に戒和尚を加えるからである。彼らの役割は次のように記されている。まず小法師の役割を確認する。なお、訳語はそれぞれ①、②等の番号をつけて対照させ、該当頁数、行数を示す。

『東大寺受戒方軌（最初戒和尚唐大僧都法進式）』「最初法式章第一」

①次に僧綱から使者が諸寺に派遣される。十師の供牒が発行され、何日にどこのお寺に定め置くのかが知らされる。

②次に堂達等の小十師は、講堂の前に尺を持って着座させる。

③かの受者は生年二〇歳に満たなければ、および衣鉢などが非法であり、坐具などが如法でなければ、小十師はまさにこの時に当たって、皆、細かく検察し取捨する。

④大十師に十一座を請求し定める。上の五座は和尚、二人の羯磨師、二人の教授師のためであり、次の二座は沙弥戒和尚、羯磨師のためである。次の一座は『遺教経』講師のため、次の一座は説相師のため、次の一座は説浄師のため、最後の一座は作時師のためである（朝座は巳の時の上分（午前九時頃）を始めとし、夕座は未の時（午後二時）をもって始めとする。

⑤小十師は十口である。上の二口は堂達師、次の四口は衣を授ける師、次の一口は名帳を呼び立てる師、次の三口は衣を内著する師である。

①「次僧綱使放諸寺十師供牒、定置某日某寺。次放諸寺大小十師可集之牒。次初列見（東北脇門呼法名。右入三司使、行之）。」
（『東大寺要録』三二四、四-五）

②「次堂達等小十師、於講堂前、持尺令著」（『東大寺要録』三二四、五）

③「彼受者生年不満二十歳者、及衣鉢非法座具等不如法者、小十師当此時、皆細検察取捨。」
（『東大寺要録』三二四、八-九）

④「請定大十師十一座。上五座為和尚・二羯磨・二教授、次二座為沙弥戒和尚・羯磨、次一座為遺教経講師、次一座為説相師、次一座為説浄主、最後一座為作時師（朝座以巳時上分（午前九時）為始、夕座以未時（午後二時）為始）。」
（『東大寺要録』三二四、一一-一二）

⑤「小十師十口。上二口堂達師、次四口授衣師、次一口呼立名帳師、次三口内著衣師。」
（『東大寺要録』三二四、一二-一三）

①の「定め置く」というのは、日付および寺院ごとに出仕する僧侶を提示しなさいということであろう。ついで、大小十師を集めよとの牒が発行される。そして、集められた人たちを列見する。「三司使」とあるから東大寺の三司（上座・寺主・維那）がこれを行ったのであろう。

資料④に挙げた文言から、大十師が十人、しかも座が十一席設けられることから、全てでもう一人を加えた十一人から構成されることと、また、同じ④の文言から、和尚一人、二人の羯磨師、二人の教授師、沙弥戒和尚と羯磨師一人ずつ、遺教経講師一人、説相師一人、説浄主一人、作時師一人の合計十一人から構成されることがわかる。

ところで、ここには注意が必要である。というのは和尚は特別に扱われているからであり、また羯磨師以下の僧侶が合計十人で大十師と位置づけられているからである。

また小十師が十口とあり、また⑤の文言から、小十師は、堂達師一人、授衣師四人、呼立名帳師一人、内著衣師三人の合計十人から構成されたことが確認される。

次の資料を見てみよう。

「授沙弥戒章第二」

①まず堂達師などの小十師はつぶさに威儀を修め、段下の階に着いて座具を敷いて座り、そして受者を召し入れる。…次に大十師は、ともにお堂に入り誠成する。…次に沙弥戒和尚、羯磨師は、甲袈裟を着て、香炉を手に取り（以下、略）。

②次に二師を請求すること。某寺の某大徳は、お前さん方のために沙弥戒和尚をおつとめになられる。…だから某寺の某大徳は、お前さん方のために沙弥戒羯磨阿闍梨をおつとめになられる。

①「先堂達等小十師、具修威儀、着壇下階敷座具座、並召入受者。…次大十師、倶共入堂証成之。…次沙弥戒和尚、羯磨着甲袈裟、執香炉…。」

（『東大寺要録』三二六、二―三）

②「次請二師事。某寺某大徳、為汝等奉持沙弥戒和尚。…所以某寺某大徳、為汝等奉持沙弥戒羯磨阿闍梨。」

（『東大寺要録』三二六、九―一一）

ここの記述では、「某寺某大徳」と有ることより、各寺院から招請された大十師の中から二人が選ばれ、沙弥のための戒和尚と羯磨師として選定されたことがわかる。

次の資料を見てみよう。これは、比丘のための具足戒受戒に必須の三師七証を請う場面である。

「奉請三師七証章第四」

まず打磬（三たび長打を下す。）此に約せばまた四つに分ける。一には和尚を請う（東の羯磨師が請う）。二には羯磨師を請う（東の教授師が請う）。三には教授師を請う（西の羯磨師が請う）。四には七証を請う。…まず堂達師の二人が八人の少十師を引列し、列のまま南の中門の内側に立つ。（東大寺の）三司の使いや専寺の別当は、相いともに受者を召し入れる。東に一番（の受者）を遣り、西に一番（の受者）を遣り、このように東西に互いに入り込む。左右の廓の内側の階石、ここにおいて、少十師は、それぞれ五僧は東西に別に教座を立てるのみである。これがすなわち別々に東西の受者を置き、次第の番数、人数の事を知ったことである。次に堂達師は、和上の住房を詣でて、状況を伝える、大小の師を申し驚かしました、と。次に打磬（三たび長打を下す）。

「先打磬（三下長打）。約此亦分四。一、請和尚（東羯磨師、請之）。二、請羯磨（東教授師、請之）。三請教授師（西羯磨師、請之）。四、請七証。…先堂達二人、引列八口少十師、列立南中門内。三司使、専寺別当、相共而召入受者。東遣一番、西遣一番、如斯東西互入。左右廊内階石、於此少十師、各五僧東西別立教座而已。是則別置東西受者、次第番数、人数之事了。次堂達、詣和上房、消息、申驚大小師畢。次打磬（三下長打）。」

（『東大寺要録』三二八、三―三二九、二）

受者を戒場に呼び入れ、小十師が揃った段階で、堂達師が和上房を尋ねて和上を招請する。この段階では、まだ受戒の中心になる戒和尚も、大十師も出座していない。そして次にようやく登壇する。

次の記述を見てみよう。

次に和尚と大十師はともに列になってくる。西廊内の階石より、甲袈裟を着て香炉を手に取り、座具を肘にかけ、弟子に衣鉢を持たせて、ゆっくりと進み、戒壇堂の西近くの廊下に赴くのである。…諸師は、近い廊下の南の階石より東に向いて進んで歩き、堂の前に到着する。…次に自ら手でもって座具を敷き、堂に向かって香炉を持ち、起居して三度礼拝する。…次に南に向かってみな並ぶ。それから自分の手で浄履を取り、座の北側に移し置く時に…弟子達をして出させる。…堂達師に礼拝する。小十師の各五人は、東西の受者の後に分かれて立つ。

（次、和尚、大十師、共引列。…従西廊内階石、着甲袈裟、執香炉、座具係肘、令弟子持衣鉢、徐進赴戒壇堂西近廊也。…諸師自近廊南階石、向東行歩、到着堂前。…次自手敷座具、向堂持香炉、起居三拝。…次向南並居。即自手取浄履、移置座北之時、…即弟子令出。…礼拝向堂達。小十師各五人、分立東西受者後。）

（『東大寺要録』三二八-三二九、二）

ここの記述から、明らかに和尚と大十師は別に存在することが分かる。彼らは堂の西より入り、東に歩いて堂の前に行き、堂を礼拝して南を向いて一列に坐る。また小十師は五人ずつに分かれて、東西に並んだ受者の後に分かれて立っている。すなわち、堂の正面に和尚と大十師が並び、東西に分かれて受者が並び、その後に小十師が五人ずつ並んで立っていることになる。

そして、いよいよ具足戒の受戒となる。次の資料を見てみよう。

「正請師僧祭文」

和尚を請い奉る。東の羯磨師は香炉を捧げて唱えて云う、「受者たちよ、あきらかに聞きなさい。東の第一座、某寺の某大徳を汝らの具足戒和尚とします。まず至誠をつくし立って三度奉拝しなさい。…そもそも和尚を請い奉る理由というのは、これによって具足戒を発得するまさに根本だからである。…」

（「奉請和尚。東羯磨師提香炉唱云、諸受者等諦聴。東第一座、以某寺某大徳為汝等受具足戒和尚。先至誠起三度奉拝。…凡所以奉請和尚、是発得具足戒正根本也。…」）

（『東大寺要録』三二九、五-七）

今、此処に並んでいる和尚と大十師の並びを書き出せば次のようになる。

〈東〉

●戒和尚　（第一座）
▲東羯磨師　（第二座）
△西羯磨師　（第三座）
◆東教授師　（第四座）
◇西教授師　（第五座）
○尊証師一　（第六座）
○尊証師二　（第七座）
○尊証師三　（第八座）
○尊証師四　（第九座）
○尊証師五　（第十座）
○尊証師六　（第十一座）

〈西〉

では、羯磨師と教授師はどのように請われるのであろうか。

①「二に羯磨阿闍梨を請う。東の教授師は香炉を手に持ち、二人の羯磨師を請う。まず唱える、東方の受者は、東の第二座より某寺の某大徳をもって汝らの羯磨阿闍梨とする。西の受者はこれに次第する。東の第三座、某寺の某大徳を持って汝らの羯磨阿闍梨とする。まず立って三度礼拝せよ。…」
②三に教授師を請う。西の羯磨師は香炉を手に持ち、二人の教授師を請いて唱える。今、教授師を請い奉る。…
③四に七証師を請う。西の教授師は香炉を手に持ち、唱えて云う、今七人の尊証師を請う。…然れば、東の羯磨師が、羯磨を執り行うときに、西の羯磨師は東方の受者のために証戒尊師となる。西方の羯磨師が羯磨を執り行うときに、東方の羯磨師は西方の受者のために、また互いに証戒尊師となる。

①二、請羯磨阿闍梨。東教授師、提香炉、奉請二羯磨師。先唱、東方受者、従東第二座以某寺某大徳、為汝等羯磨阿闍梨。西方受者、次之。東第三座以某寺某大徳為汝等羯磨阿闍梨。先起三度奉拝。…
②三、請教授師。西羯磨師、提香炉、請二教授師唱。今奉請教授師。
…
③四、請七証師。西教授師、提香炉、唱云、今、請七尊証師。…然東羯磨師秉羯磨時、西羯磨師為東方受者、作証戒尊師。西方羯磨師秉羯磨時、東方羯磨師為西方受者、亦互証戒尊師。」

（『東大寺要録』三二九、一-三三〇、三）

東の羯磨師はまず和尚を請い、東の教授師は二人の羯磨師を請い、また東の羯磨師は二人の教授師を請う。それぞれ東側が上位とされると考えられる。東方に並んだ受者のためには、東の羯磨師、東の教授師、及び西の羯磨師が尊証師の一人となり、残りの六人の尊証師とで七尊証師を構成する（羯磨師は東西の受者の場合の請う文面が記されるが、教授師の場合は記述がない。しかし同様と考えられる）。

よって東方の受者、西方の受者の場合の三師七証の構成は、次の通りである。

東受者の三師七証＝和尚●　東羯磨師▲　東教授師◆
　　尊証師（＝西羯磨師△）＋尊六人
西受者の三師七証＝和尚●　西羯磨師△　西教授師◇
　　尊証師（＝東羯磨師▲）＋尊六人

戒を授ける中心となる戒和尚は特別な存在と位置づけられ、一人の人間が務めていることが確認される。天平勝宝七年（七五五）の最初の時には鑑真が務め、鑑真の後には法進が務めていることは『東大寺戒壇院戒和尚次第』から確認される(5)。とにかく一人の勝れた僧が戒和尚を務めているのである。

ところで、律蔵の規定では授戒時の和尚は、特定の一人が務めるとは明文化されていず、「和尚は某甲」と一般化された形でしか記述されていないので、奇異に感じられる。実際、『律蔵』の羯磨の記載を見れば、それは次のように記されている。

『羯磨』一巻「受戒法第二」
「…大徳僧聴。是某甲、従和上某甲、求受具足戒。此某甲、今従衆僧、乞受具足戒。和上某甲。某甲自説清浄無諸難事。年満二十。三衣鉢具。僧今授某甲具足戒。和上某甲。誰諸長老忍僧為某甲受具足戒和上某甲者、黙然。誰不認者説。是初羯磨（第二第三、亦如是説）。僧已與某甲、受具足戒竟。和上某甲竟。僧忍。黙然故。是事如是持。」

（大正二二、一〇五三c一四-二〇）

説相＝四波羅夷法「善男子。諦聴。如来無所著等正覚説四波羅夷法。若比丘犯一一法、非沙門非釈子。…（淫・盗・殺・妄）…四依法。」

（大正二三、一〇五三下二三-一〇五四上二四）

この『羯磨』は『四分律』から分出されたものであるが、和尚は某甲であり、その和尚の役割は受戒後の新入者の教導である。また複数の新入希望者が有った場合、和尚を同じ人が務めるというような記載は一切、存在していない。大僧十人の中で、具足戒の受が約束され、教団追放になる重要な戒、すなわち淫・盗・殺・妄の四波羅夷法については、説相の部分で説明される。これが『律蔵』に説かれる伝統的な具足戒受戒の全容である。さて、ここで、『東大寺受戒方軌』に戻る。

(二) 実際の受戒の手順

では、東大寺に行われた具足戒受戒は、どのような手順で行われたのであろうか。一般に『律蔵』では、受具足の中心に存在する羯磨、そして説相と続くのであるが、『東大寺受戒方軌』ではどのようであったのだろうか。次の資料を見てみよう。

『東大寺授戒方軌』（法進式）　注目　羯磨の部分

①「正受大戒作法第五。…十三難…十遮…。…向北唱将来羯磨云、「大徳僧聴、彼某甲［受者等名］従和上某甲［和上御名］受具足戒。若僧時至、僧忍聴。我已問竟。聴将来白如是［一説］。」

（『東大寺要録』三三二、九-一〇）

②「以臨初夜参説相堂了」

（『東大寺要録』三三三、八）

③「説相教訓章第六」「至初夜時、洪鐘以前、先出院鐘三下時、受者入堂。坐了、即堂達師、申諸十師、長打時、説相師、着甲袈裟…。」

（『東大寺要録』三三三、一〇-一一）

④「先説相四重四喩。次説四依。次説六念。五観法中種々説法。説浄事、安居事、依止事。」

（『東大寺要録』三三三、一四）

①の箇所は、十三難十遮を聞いて後、まさしく戒を授ける部分である。いわゆる白四羯磨形式で戒を授ける文言が出される。

②の箇所は、説相の部分であるが、「初夜に臨む」で「説相堂に参ず」とあるから、「正受戒」が終わった後しばらくしてから、受者を説相堂に一同に集めて、説相が行なわれたことになる。③④の記述は、その説相の部分の記事である。

さて、ここで、重要なものは四波羅夷法を説くことであるが、その役割は、説相師が行うことになっている。説相師は、小十師の一人であったことは先に見たとおりである。

なお、その際に、四喩、四依、六念、五観、説浄、安居、依止と僧侶の基本的な生活に関することが併せて説かれている。四喩、四依、六念は、『弥沙塞部五分律』に基づき「仏言、受具足戒竟、便應為説十二法、四墮法、四喩法、四依法。」（大正二二、一一二下）と有るのに基づくと推定される。

四依は、樹下住、乞食住、糞雑衣住、陳棄薬住の四つであるが、樹下住は、実際には行われていない。六念は、『行事鈔』にも詳説され、「次授六念（出僧祇文）。第一念知日月。應言今朝白月一日至十五日六念（以降、略）（大正四〇、三〇中）」とある、比丘の熟知すべき六つの重要事項である。内容は、「日月を念知する」「食処を念知する」「夏臘を念知する」「衣鉢を念知する」「同別の食を念ず」「身康羸を知る」の六つである。説浄は施しを受けたとき一旦他人に施し、のちに自分で受けることで、これも『行事鈔』下一に説明がある。安居、依止は、日常生活に関わる規定である。これらが、詳細に説明されているが、ほぼ『行事鈔』の記述を踏まえていることが知られる。

さて、形式的に見てみれば、三師七証の原則は守られているが、何故、大十師プラス一人の十一人が要請されたのか（小十師を含めれば総計二十一人である）、次に、その理由を探ってみたい。

四　戒和尚及び大十師の十一人体制の背景

和尚が一人固定的に決められて、それ以外の羯磨師、教授師が大十師の中から選ばれる。すなわち東の受者、西の受者に対して決められて、交互に分担して受戒式は執行されたのであるが、和尚は特別な存在になっている。『四分律』等の律蔵の規定では、和尚は入門者の日常の教導に責任を負う指導者であるが、此処では既にそのような役割を期待されていない。戒を授ける中心的な主体とされ、その名称も「戒和尚」となり、いかにも受戒の師としての役割に特化している感がある。

さて、このような形式になった背景を彷彿とさせる記事は、次の資料に見いだせる。冒頭に引用した、東大寺要録に収載された「東大寺始行授戒作法記」である。すなわち次のようにある。

「東大寺始行授戒作法記」合八箇条

一、天平勝宝七年（七五五）十月十五日、宣旨。法務所大僧都和尚位鑑真、先令日本行授戒、如唐朝可請諸寺大小十師状。東大寺大十師五人。小十師五人。興福寺大小十師各一人。元興寺、大安寺、薬師寺、法隆寺、大小十師各一人。」

（『東大寺要録』三五一、二一八）（大小十師で合計二十名）

この記述の伝えるところは、唐の制度を倣ったということであるが、とすれば、唐王朝に執行された受戒会にその起源があることになるが、その確証はあるのだろうか。実は、その確証はなかなか得られない。

では、唐朝の制度に習ったという記述に依拠するとすれば、その起源を探る手がかりが何処かに残っているはずである。そこでまず、その手がかりを「受戒方軌」の中に探ってみよう。

ここで、もう一度、『東大寺受戒方軌』の文章に戻ってみたい。先に道宣の『四分律行事鈔』と関連があることを指摘したが、実は方軌の中の次の記述も、もう一つ別の手がかりを与えてくれるのである。次の資料を見てみよう。

「正受大戒作法」

だから、御名前と名づけてまさに奉拝しようとする（習いと言おうとする）。南無頭田那菩薩、南無楼至菩薩、南無馬蘭那菩薩…と。」
「故名御名将奉拝［為言習］。南無頭田那菩薩、南無楼至菩薩、南無馬蘭那菩薩…」
（『筒井・東大寺要録』三三二、一二一―一三）

ここに登場する「頭田那」などの菩薩の名称は、馴染みのないものばかりであるが、その典拠を探してみれば、実は道宣の『関中創立戒壇図経』に同様な名称を見いだすことができるのである。その記述は次のようなものである。

第二重の壇上に西行する。南に一つの高座を置く。次に三つの虚座を設ける。一つは豆田邪菩薩比丘に擬える。二つには楼至菩薩比丘に擬える。三つには馬蘭邪菩薩比丘に擬える。三人の菩薩比丘をもって仏に立って頂き戒を授け、戒を結ぶことを請求する。

第二重壇上西行。南頭置一高座。次設三虚座。一擬豆田邪菩薩比丘、二擬楼至菩薩比丘、三擬馬闌邪菩薩比丘。以三菩薩比丘請仏立受戒結戒。
（大正四五、八一五下二四―二七）

『方軌』に登場する菩薩の名称は頭田那菩薩、楼至菩薩、馬蘭那菩薩、『戒壇図経』は豆田邪菩薩比丘、楼至菩薩比丘、馬蘭邪菩薩比丘であって全同ではないが、ほぼ近いものとして大過はない。

また、受戒会の祭に、『遺教経』講師が置かれていたが、授戒の時に『遺教経』が使用される例は、『戒壇図経』にも見いだせる。すなわち「戒壇受時儀規題九」には、次のようにある。

その高座の者は、先ず一僧を差わし、座に陞らしめ終わったあとで、『遺教経』を誦させる。この時に犍稚を打ち、多く名香を焼き、功徳を讃唄するのがよい。集まった僧は、大小の戒を問うこと無く、普く『遺教経』を聴くのである。

其高座者、先差一僧令陞座已、誦遺教経。此時応打犍稚、多焼名香、讃唄功徳。所集之僧、無問大小戒、普至以聴遺教。
（大正四五、八一六上一―四）

此処は白四羯磨の行われる前の時点において『遺教経』が説かれているが、受戒会の中で『遺教経』が使用される点は同じである。よって、これら二点から考えて、『東大寺授戒方軌』が、道宣の『関中創立戒壇図経』を参照して作成されたことはまず間違いない。

しかし、戒壇図経の記述からは、戒和尚を含めて二十一人体制であったことは出てこない。では何故、二十一人体制を取ったのか考えてみよう。

考えられる理由は、新規の授戒希望者、即ち新入門者の数が多かったことである。たとえば次の資料を見てみよう。

「本願章」
「天平勝宝六年（七五四）甲午二月四日、和上至日本。聖朝勅安置東大寺。即令行壇法。四月五日、太上天皇、於盧舎那仏前、請鑑真和上、登壇受菩薩戒。鑑真即任少僧都。皇太后皇太子、同受菩薩戒。次沙弥四百四十余人授戒。五月一日、被下戒壇院建立宣旨。」
（『東大寺要録』二四、一二一―一四）

これは『東大寺要録』本願章の記述であるが、沙弥四四〇人が鑑真を戒師に受戒したことを伝える。この記述は、真人元開の『東大和尚東征伝』でもほぼ同様の記述であり、天皇が登壇し菩薩戒を受け、次に皇后、皇太子が受戒し、「尋いで沙弥、証修等、四百四十余人、受戒す」（大正五一、九九三下一〇-一一）とあって、その人数は、ほぼ四四〇人余りで異同はなかったことになる。

なお、此処で一つの疑問が生じる。この四四〇人に授けた戒は、菩薩戒であったのだろうか。それとも具足戒であったのだろうか。仮に、具足戒であったとすれば、これほどの大人数を一遍に受戒させることが可能なのであろうか。実は、その際には便法があって、受者を三人ずつのグループにしていたことは意外に知られていない。次の記述を見てみよう。

　三人を番とする。また二人を中として、まさに一人を上とする。
　「三人為番。亦二人為中、正一人為上」（『東大寺要録』三二四、七）

この記述に基づけば、四四〇人に具足戒を授けるのに、440÷3=146余り2　であるから、受戒の回数は、少なくとも一四七回、行わなければならない。一組ずつ羯磨文を読み上げ、白四羯磨の手続きで確認を取るのに、最低、三分は掛かると考えてみよう。そうすれば、全部に授け終わるのに、3(分)×147=441分=7時間21分掛かったことになる。ほぼ一日がかりである。

また、何故、三人ずつにしたのかといえば、その一番の理由は、四人から僧伽が構成されるので、四人以上に戒を授けると、その場において別衆が生じてしまうからであり、この不都合を回避するためであると考えられる。実際、律蔵の中に一回の受戒における受者の人数は三人を上限とするという規定が存在する。まず『四分律行事鈔』には次のように述べる箇所がある。

『四分律行事鈔』巻上三

　『四分律』には次のように云う、もし難縁があるなら、説戒の中のように、二人、三人で、一時に羯磨をしても良いが、四人に至ってはいけない。『摩訶僧祇律』では「一人の和尚、一人の戒師、一衆であれば、二人、三人で一緒に受けて良い。もし二人の和尚で一人の共通の戒師の場合、二人、三人の受者では、一衆で受けることはできない。」という。『善見律毘婆沙』では、「二人、三人で一時に戒を受ければ、それぞれは同等であり、臘次が等しいときには互いに礼をしなくても良い。」とある。

　「四分云、若有難縁、如説戒中、当二人三人、一時作羯磨、不得至四。僧祇、一和上一戒師　一衆得二人三人並受。若二和尚共一戒師、二三人不得一衆受。善見云、二人三人一時受戒、一一同等。臈等時、不相作禮」
（大正四〇、二八中一四-一九）

『行事鈔』が述べる難縁というのは、『四分律』の受戒犍度に出る次の記述を念頭に置いている。

『四分律』巻三四

　山賊がやって来たと聞いて皆は恐怖してしまい、座より立って去ってしまって受戒をすることが出来なかった。比丘たちはこの因縁をもって仏の所に行かれて申された。仏は次のようにおっしゃった。「これから以降は、八つの難事とその他の因縁が有ったときには、二人、三人で一時に羯磨を行うことを許すが、それを過ぎてはいけない。いわゆる難処とは、一には王、二には賊、三には火、四には水、五には病、六には人、七には非人、八には失梨虫である。いわゆるその他の難とは、大衆が集まって坐具が少ない、あるいは病人が多い時で、それらの時には二人、三人で一時に羯磨をなすことを許す。」

「聞有賊来皆恐怖、従坐起去不得受戒。諸比丘、以此因縁往白仏。仏言、自今已去有八難事及餘因縁、二人三人聽一時作羯磨、不得過。所謂難處者一王二賊三火四水五病六人七非人八失梨蚤虫。所謂餘因縁者、有大衆集坐具少、若多病人、聽二人三人一時作羯磨」

（『四分律』巻三四、授戒犍度之四、大正二二、八〇五中一―八）

また同様のことが『摩訶僧祇律』にも言及されている。その箇所は次の通りである。

『摩訶僧祇律』巻二三

「共通の和尚と戒師と一衆とで、（複数の受者が）一緒に並受することができるか。仏が言われた。できる。このように二人、三人の受者が一緒に並受することができる。衆受（四人以上）であれば、具足戒を受けたとすることはできない。一人の受者に二人、三人、多くの和尚も、受具足とは名付けられない。羯磨師がなければ受具足とは名づけられない。受者が二人または三人で、共通の羯磨師、別の和上、共通の一衆で一緒に並受するのは、受具足とは名づけられない。受者二人で羯磨師二人、受者が三人で羯磨師が三人、別の和上、共通の一衆で並受するのも受具足とは名づけられない。」

「復次仏住舍衛城、廣説如上。爾時尊者優波離有二沙彌。一名陀婆伽、二名婆羅伽。此二沙彌、小小長養、年満二十、欲受具足、作是念。若當先與一受者後者必有恨心。得同一和上一衆一戒師、一時並受具足不。優波離作是念已、往至仏所、頭面禮足却坐一面、具以上事白仏言。世尊、得共一和上一戒師一衆、得並受具足不。仏言、得。如是二人三人亦得並受。不得衆受是名受具足。一人、二和上三和上衆多和上、不名受具足。無羯磨師不名受具足。二人三人、共一羯磨師、別和上、共一衆並受、不名受具足。二人羯磨二人、三人羯磨三人、別和上、共一衆並受、不名受具足。」

（『摩訶僧祇律』巻二三、明雜誦跋渠法之一、大正二二、四一六上二三―中七）

以上の記述から、受戒の時には三人までが一遍に受戒することは許されていたことが分かる。しかも『摩訶僧祇律』の記述からすれば、和尚は共通でも良いが、羯磨師は別でなければならなかった。よって、受者の人数が多いときには、三人を一グループとして、共通の和尚と別々の羯磨師、教授師をそろえることで授戒羯磨が行えたのであり、『東大寺授戒方軌』はまさしく受者の多い場合を想定した授戒方軌であったと位置づけられるのである。そして、それはおそらく時間の節約の意味もあったろう。

なお、具足戒を受けた僧侶の人数として、『唐大和上東征伝』は「沙弥証修等四四十余人受戒」と述べた後に、興味深い記事を伝えている。

また、旧の大僧であった霊祐、賢璟、志忠、善頂、道縁、平徳、忍基、善謝、行潛、行忍などの八十余人の僧は、旧戒を捨てて、（鑑真）大和上が所授けられるところの戒を受けた。

又、旧大僧、霊祐、賢璟、志忠、善頂、道縁、平徳、忍基、善謝、行潛、行忍等八十余人僧、捨旧戒、受大和上所授之戒。

（大正五一、九九三下一一―一三）

この記事が全面的には信用できないものであることは夙に知られている通りであり、賢璟等が直ぐには鑑真の戒に伏さなかったことは、宗性の『日本高僧伝要文抄』第三に引用された『延暦僧録』の普照伝に明らかである。それによれば、「合国の僧、伏せず」とあって最初の三人すなわち霊祐、賢璟、志忠は、異見を唱えた代表的な人物であったことが知られている。とすれば、『東大寺要録』や『唐大和上東征伝』が述べる四四〇人は、在家、沙弥、比丘らを含めて菩薩戒を受戒した総人数であって、具足戒を受戒した人数は八〇余名であった可能性も存在しよう。

たとえば、『元亨釈書』鑑真伝では「上皇大悦受菩薩戒。皇帝皇太后太子公卿以下、同受者四百三十余人（『旧・日仏全』一〇一、一四六下六-七）」とあって、受戒者数は若干の異なりがあるものの、文脈からすれば、受戒したものは菩薩戒であったという理解を彷彿とさせている。つまりは具足戒受戒者数は八〇名余りであったという可能性もかなり高いのである。

そして、もし鑑真による最初の具足戒受戒者が八〇名前後であったとすれば、その受戒に掛かった時間は、三人一組で三分ずつで授けたとしても、ほぼ八〇分前後であったことになる。それでもほぼ一時間半近くは掛かるのであるから、大変な仕事であったことに間違いはない。

五　その後への継承

ところで、大小十師を伴った授戒形式はいつ頃まで継承されたのであろうか。管見の範囲では、平安後期までは確実に存在していた。たとえば、大小十師および戒和尚の二十一人形式による授戒会の執行は、『東大寺要録』に収載された寛和二年（九八六）に執行された「太上法皇授戒記　円融院」においても確認される。ということは、鑑真以降、少なくとも二三〇年間は執行されていたことは間違いない。

また、次の資料も、大小十師の存在を伝えてくれる。

「治承五年（一一八一）六月　禅衆一所従事　大十師所従一人、小十師已下不可有従僕、但著法服出仕。…出仕之時、大十師者所従二人、小十師已下者所従一人用之、一衣服事…服事二衣幷有文衣可停止、除大小十師、於律宗夏衆者、不論晴芸不可。

（No.三九六八　内閣文庫所蔵『大乗院文書』八巻三〇二三頁）

ここには大小十師の存在が明らかに見て取れる。大十師は出仕の時には所従を二人まで伴っても良いが、小十師は所従は一人に限定されていた。また、次の資料は嘉禄二年（一二二六）の『南都新制條條』と銘打った資料であるが、

「所従事…但雨中之時、笠差之役人者非制限、両堂大十師〈所従一人或無従〉…」
「衣服事…禅衆者呉綾唐綾薄衣停止之。大十師近来恣着美絹薄墨染付衣之条…」
「鈍付衣、兼又於絹五帖袈裟者、大十師之外不聴輙著用、但雖小十師已、晴出仕之時、非制限。」
（福智院家文書　№五〇八七六、四四巻一〇三頁、『福智院家文書』第一、資料纂集、続群書類従、一七九―一八一頁）

とあり、同じく大小十師の存在を確認できる。受戒そのものは中世の時代も執行され続けていたことは既に先行研究が示すとおりであり[6]、またこのような資料からすれば、恐らくは、大小十師による受戒も執行され続けていたと考えて良い。但し、中世初期の受戒の様子を伝える『沙石集』「律学者ノ学ト行ト相違セル事」の記事には、残念ながら大小十師の記述を見出すことはできなかった。受者の人数が減少するに伴い、大小十師は必要なくなったと考えるのが適切なのかもしれない。

最後に

鑑真の来朝によって始められた具足戒授戒は、受者を三人ずつのグループに分けて行われたものであったことが知られた。そこでは大小十師を選び、その上に戒を伝える上で重要な役割を果たす戒和尚を一人選出していた。戒和尚がすべての受者のグループの授戒に関わる形式が作り出され、執行されていたのである。

そして、その形式は、『四分律』や『摩訶僧祇律』の記述からすれば、遠くインドの世界から存在したものであったことが推知された。実際に受者が多い場合に、取り得る便法として広く依用されたのであろう。なお、大小十師及び戒和尚による二十一人掛かりの具足戒授戒は中世鎌倉時代の一三世紀初頭頃までは確認できるのであり、後代にまで継承されていた形式であったこともまた間違いあるまい。

ところで、沙弥戒を受け直後に具足戒を受けるパターンは、東アジア世界においては、現在でも採用されている。名称は三壇大戒と呼ばれているが、一連の行事の中で、まず沙弥戒を受け、その直後に具足戒を受け、最後に菩薩戒を受けるという方法がとられている。ところが、沙弥戒から具足戒へと連続して受戒するというパターンは、南アジア世界では実施されていない。南アジア世界では、沙弥は、あくまでも見習い期間であって、具足戒受戒に及ぶまで一定の期間が存在する。それに対して、東アジア世界においては、沙弥戒と具足戒の受戒が連続してしまったのである。その確たる理由は見出しがたいが、沙弥戒にしても具足戒にしても、受戒そのものに特別な意味が込められたからなのであろう。しかも、『東大寺受戒方軌』から考えれば、その形式は唐代にまで遡る形式であった可能性が高いのである。

（みのわ　けんりょう・愛知学院大学教授）

註

（1）『東大寺要録』一九七―二〇四頁。如保は薬師寺僧侶、昌禅は元興寺僧侶、豊安は唐招提寺僧侶であった。また以降も、戒和尚は東大寺、法隆寺、興福寺の僧侶が任じられており、時代が下るにつれ、興福寺、東大寺の僧に独占されるようになる。徳田明本「東大寺戒壇院戒和尚相承について」（『南都仏教』三九、一九七七年）、参照。

（2）上川通夫「ヤマト国家時代の仏教」（『古代文化』四六―四、一九九四年）。

（3）直林不退「道璿の伝戒と天平期の受戒制度」（森章司編『戒律の世界』渓水社、一九九三年、所収）。

（4）石田瑞麿「古代仏教と戒律」「鑑真について」「鑑真の渡来とその意義」（『日本仏教思想研究2』法蔵館、昭和六一年）所収」を参照。

（5）「戒和尚次第」「法進大僧都。鑑真弟子、唐人。東大寺　天平宝字七年癸卯任。八十一。宝字十一年任少僧都。宝亀二年任大僧都。」（『東大寺要録』一九七、二）

（6）松尾剛次『勧進と破戒の中世史―中世仏教の実相』（吉川弘文館、一九九五年）Ⅱ部第一章「官僧と遁世僧」を参照。中世の東大寺の戒牒の存在例が〈付記3〉に示されている。東大寺戒壇院における具足戒受戒は毎年ではなくなっているが、中世から近世、そして現代にまで執行され続けていることには注意が必要である。

東大寺戒壇院と正倉院宝物

三宅久雄

鑑真が来朝し、戒壇院や唐禅院が建てられると、天平美術はそのあたりを中心として一層、唐風の色を濃くしたことと察せられる。しかし、現在の戒壇院には、奈良時代創建当初に遡る美術工芸品はほとんど残っていない。ただ、享保の再建以前に戒壇堂に祀られていたと伝えられる銅造釈迦・多宝如来坐像が別保管されており、当初、戒壇堂壇上の塔内に安置されていた可能性が高いが、これらについては、本書井上一稔氏の論考に触れられるのでそちらに譲ることとする。

一方、正倉院には戒壇院の什物が少ないながら残っている。さらに、それらを基準として正倉院宝物を見渡してみると、形式、作風の近い宝物が見出される。それらのうちには、戒壇院や唐禅院などで使用するために制作された工芸品などがあったかもしれない。そこで、鑑真創建の唐招提寺を視野に入れながら、正倉院宝物を介して美術史上の戒壇院を復元してみたい。

鑑真一行が唐朝よりもたらした品々は、『東征伝』によると内裏に進上された。それらが、やがて東大寺の正倉に納められるようになったとしても不思議はない。また、光明皇太后による大仏への宝物献納は、鑑真来朝わずか二年後のことで、このなかに鑑真将来品、あるいはそれらに学んだ品々があっても当然といえる。

こうした進上品以外に、戒壇院や唐禅院には鑑真一行が携えてきた身の回りの品があったはずである。また新設の戒壇院には、仏具も新たに必要になった。それらは造東大寺司など官営工房において造られたであろうが、そこに鑑真や弟子たちの関与があったろうことも容易に察せられる。

そこには鑑真来朝以前にはみられない特色が指摘でき、既に大仏開眼以前に盛唐の美術はわが国でも花開いていたが、鑑真来朝当時の盛唐美術の後期的な様式を伝えるものと考えられる。

一　戒壇院ゆかりの正倉院宝物

鑑真と関わり深い美術品は、東大寺において最重要の倉、正倉院に伝えられている可能性も高い。戒壇院や唐禅院から直接、正倉に納められたことも考えられるが、天暦五年（九五〇）に羂索院雙倉の収蔵品を正倉南倉に移した際に戒壇院や唐禅院の什物が含まれていたことも考えられる。これより前、延喜二十年（九二〇）には阿弥陀堂や薬師堂等の物品がこの羂索院雙倉に移納されていた。

そこで、まず正倉院宝物の中に、何らかの周辺状況からみて鑑真との関連が推測されるものについて見ていくことにする。手掛かりとなるものは、鑑真が授戒活動を行った戒壇院、そして止住していた唐禅院に関わる遺品であろう。唐禅院については、跡地が正倉院事務所内の南西の一画と判明しているものの、まだ遺跡の調査は完全ではない[1]。一方、戒壇院については銘記によって当初戒壇院で用いられたことが明らかな正倉院宝物があるので、まずこれから見ていくことにしよう。

㈠ 磁皿（南倉八甲一一～一三号、乙一号）

唐三彩の影響を受けて造られた、いわゆる正倉院三彩と呼ばれるもので、銘記にみえる天平勝宝七歳（七五五）七月十九日は聖武天皇の生母藤原宮子の一周忌斎会に当たっており[2]、戒壇院に祀られていた聖僧像にお供えをするために使用したものである。他に、銘記中に年月日を欠くがこれと一具をなす磁皿が三点あり、これらが多くの正倉院三彩の中でも、高台を備えていること、不規則な施釉方法など、特殊な一群であることが指摘されている[3]。これらは戒壇院の存在を示す同時代資料であり最古のものである。

㈡ 黒柿蘇芳染金絵長花形几（中倉一七七―一四）（図1）

仏にお供えを捧げるのに用いた献物几と呼ばれるもので、「戒壇」という墨書がある。天板は四弁の長花形で、黒柿を用いて表面に蘇芳を塗り、紫檀に擬している。天板の側面には金泥で花枝文と、その間をぬって鳥、蝶を描いている。脚は花葉を象ったいわゆる華足で、付根の花葉の重なりや先端の反り返った様を丁寧に鎬立った彫法で刻出し、金銀泥で葉脈を描き、稜には金泥で隈取りを施している。

正倉院には献物几が二十七点あり、本品に類するデザインとしては粉地金銀絵八角長几（中倉一七七―七）がある。これらは献物几のなかでももっとも形が複雑になったものである。ただ意匠は凝っているが、彫り口は黒柿蘇芳染金絵長花形几に比べるとおとなしい。この中で、とくに粉地銀絵花形几は本品に天板や脚の意匠が近く、出来もよいが、天板の輪郭はなめらかな楕円を描き、各部を構成する花弁の曲線も抑揚を抑え、穏やかにまとめられている。

これに対して、黒柿蘇芳染金絵長花形几は天板の輪郭は強い調子の抑揚がある曲線で、蘇芳染めの黒柿に金銀泥絵の組み合わせには他のものとは別趣の華麗さがある。天板縁に描かれた草花は、他の献物几が天地を上下方向にあらわすのを基本としているのに対して、本品は横向きにあらわし縁に沿って流れるように繰り返している。また、脚の裏側まで花葉を立体的に、入念に彫出しており、出色の出来映えを示している。他のおおかたの献物几は脚の意匠そのものは華やかでも、花葉の彫出が簡略で、とくに裏側は平板で素っ気ない。脚の天板裏面への取り付けも、大方は単に接着するだけであるが、本品は枘入れとしており、木工技法においても優れていることは注目すべきである。

黒柿を蘇芳で染める技法は珍しいとは言えないが、しかし、そう多くはない。おそらく紫檀に擬することが目的であったのであろうが、黒柿自体も白檀、紫檀などといった高級材に準じる用材であった。献物几二十七点を見てみると、天板の用材は、黄楊木、桜、朴が各一点ずつあるほかは、すべて檜である。

いま引き合いに出した粉地銀絵花形几や粉地金銀絵八角長几はいずれも天板裏面に「東小塔」の墨書があり(4)、実忠が東西小塔院を創建したと伝えられる神護景雲年間（七六七〜七七〇）をそれほど降る製作とも思えない。一方、戒壇院は天平勝宝七歳（七五五）の創建であり（『東大寺要録』巻四諸院章）、これだけで献物几製作の先後を論じることはできないが、作品自体の出来と併せ考えると、黒柿蘇芳染金絵長花形几のような上質の作品が新様の範型とされたのではないであろうか。華足を有する複雑な意匠の器形は、おそらく、いわゆる盛唐銀器から出たものと考えるのが妥当で、そうした新しい流行が金属のかわりに木を用いて取り入れられたのであろう。

図１　黒柿蘇芳染金絵長花形几（中倉177-14）　正倉院宝物

図２　刻彫梧桐金銀絵花形合子（南倉36-4）　正倉院宝物

(三) 刻彫梧桐金銀絵花形合子（南倉三六八）（図2）

宝相華を象った合子で、「戒壇」という墨書があり、合計四合分残っている。明治期に用材をアオギリ（梧桐）とみなしたためにこの名が付けられたが、その後の調査で散孔材と認められ、桂（カツラ）に似ていると言われている(5)。その形はやはり盛唐銀器を彷彿させるもので、あたかも身には金銅製の華足が付く。

花葉を薄肉彫りし、葉脈や蘂にいたる細部まで、鎬立った精緻な彫法であらわしている。とくに透かし彫りの蓋は、縁周りの葉先にわずかに反りをつけ、一部はかなり強く反らせており、立体的で鋭利な表現がみられる。花葉の縁の隈取りや葉脈には金銀泥を施している。

上方へと伸びる茎に花葉を配して縦長の楕円構図におさめる意匠は、これに類した作品が唐招提寺にあり、寺伝に金堂落慶供養に用いたという牛皮華曼がある。この形自体、華曼としては特異であり、また「文様全体にみられる稠密で重苦しい表現は、本寺の美術全般に共通する色濃い唐風の一環」(6)と言われているが、蔓茎のあらわれる部分が少なく、花葉などで埋め尽くそうとする傾向の意匠は、そのまま刻彫梧桐金銀絵花形合子にも当てはまる。楕円と円の違いはあるが、正倉院の螺鈿背鏡にも同様の傾向がある。

これら戒壇院ゆかりの黒柿蘇芳染金絵長花形几と刻彫梧桐金銀絵

花形合子は特徴ある意匠、精緻で鋭利な彫法、金銀泥の効果的な扱いなど、共通する趣が強く、八世紀中頃までにはなかった新しい感覚がみられ、かつ群を抜いて優れた製作である。これらは、ほぼ同時期、同一工房の製作であることが推測される。

ここで刻彫梧桐金銀絵花形合子にみられる宝相華文について、「鑑真来朝を契機とした盛唐美術の受容」ではなく、「本文様の花葉のモチーフとその構図は奈良盛期の伝統を継承した宝相華文の展開の中で捉えるべきもの」という指摘を受けた。[7]筆者は前稿において「盛唐後期の美術」あるいは「盛唐後期の様風」の受容としたのであり、[8]天平古典の源となった盛唐前期を指してはいない。確かに花や葉などのモチーフ単位でみると、この指摘は正しい。また官営工房を否定するつもりもない。正倉院宝物は舶載品を除けば、官営工房の制作である。

しかし、具体的に器物に文様を布置した全体の構成において、天平盛期のものは唐草の基本をなす蛇行する蔓があらわす軸線の効果がしっかりと意図されている。これらに対して、かつて長廣敏雄氏が「唐草の茎がほとんど表面に出ないで花文の裏に隠れ」と指摘し、[9]林良一氏が「大柄で複雑多様にひろがる装飾性の濃い花形や葉形が主導性を持つ」として中唐期の花唐草とされたものに近い。[10]また法華堂諸仏像にみられる天平文様を分析し、第一様式、第二様式に段階分けした小田誠太郎氏が、「第二様式からも幾分遠ざかっており」[11]と指摘された段階に属するものと思われる。近年では神田雅章氏も同様の様式観に立ち、東大寺八角燈籠について、根拠の一つとして文様を取り上げ、その制作年代を鑑真来朝以降の時期に推定されたことは、本論にとっても興味深い。[12]宝相華唐草文の展開が大陸のそれと軌を一にしているからといって、必ずしも盛唐後期の影響ではなく「奈良盛期の伝統を継承した宝相華文の展開の中で捉えるべき」とする考えも成り立つが、中国での様相やわが国八世紀後半の美術様式の展開を総合すると、鑑真来朝（あるいは遣唐使帰国）の影響を受けたとみるほうがよいのではないだろうか。

二　正倉院宝物と唐招提寺

いま見てきた二件の作品を出発点として、唐招提寺の美術工芸品を視野に入れながらさらに目を広げれば、美的特徴の類似する着目すべき正倉院宝物をいくつかあげることができる。銘記等はなく、戒壇院や唐禅院との直接的関係は明らかにできないが、その雰囲気を彷彿させる品々として見逃せない。

(一)　漆彩絵花形皿（南倉四〇）

木の一枚板から複雑な花形を刳りぬいて造った方形、脚付の盤で、正倉院には全部で二十九点あり、うち六点には彩絵が施されている。これらとまったく同形同大のものが唐招提寺に現存している。これももとは彩絵が施されていたもので、現在は剥落して痕跡が残るのみとなっている。一見して、これら正倉院と唐招提寺の盤は一連の製作とみるべきであろう。正倉院文書によると、天平勝宝九歳（七五七）一月から三月にかけて十九枚の「絵花盤」なるものが製作されていた。[13]正倉院の花形皿にはこれに相当するものが残っており、同年五月二日の聖武天皇一周忌斎会に使用されたのではないかとする指摘がある。[14]正倉院の花形皿と一具かとも思えるほどの品が何故唐招提寺に残っているのか、伝来は不明であるが、鑑真一派が唐招提寺に移り住むにあたって持ち込んだことも考えられる。

こうした複雑な器形は唐代の銀器を中心とした金属器がもとになっていると考えられ、唐三彩にはこうした形を写した例がしばしばみられるものの、木工品では珍しいと言える。ただしかし、正倉院宝物では先に挙げた献物几がそうした例として指摘できる。このような複雑な器形は銀等を用いて鍛造で造るのがふさわしく、木工では手がかかる仕事となる。

さて、漆彩絵花形皿に用[illegible]れた材は桂とされている。[15] 唐招提寺の華盤もやはり桂のよう[illegible]れている。[16] さらに、刻彫梧桐金銀絵花形合子も先[illegible]能性がある。正倉院宝物には多種の木材が[illegible]、桂の可能性が指摘されているも[illegible]向けても、奈良時代[illegible]ぎない。[18] 少[illegible]同種の木材を[illegible]

ところで唐招提寺[illegible]あるが、光背の化仏と透か[illegible]が注目される。光背のその他の部[illegible]の両脇に立つ木心乾漆造の薬師如来像と[illegible]かし彫りの花文や宝相華唐草文などを桂で、そ[illegible]っている。[19] 木彫仏像では奈良時代以前では仏身には楠[illegible]座には檜等を用いることが多く、桂材を仏身そのものに使用[illegible]は平安時代以降に東北地方に比較的多くみられるが、やはり仏像は檜が圧倒的に多く、他には榧、欅、楠などが一般的である。[20] そうした状況にあって、とくに奈良時代において桂材の使用は着目すべきである。

（二）黒柿蘇芳染金銀山水絵箱（中倉一五六）（図3）

長方形、印籠蓋造りの献物箱である。黒柿を蘇芳で染めた箱の蓋表に金銀泥で描かれた山水図は正倉院宝物中でも山水描写のもっともすぐれたものとして、唐代絵画がほとんど残っていない中で、つとにその重要性が指摘されている。屹立する山々を金泥線で明快に輪郭をとり、さらに山襞の凹凸を金泥で濃淡をつけて暈かし、立体感に富み、木々は幹や枝を金泥で、葉を銀泥で描き、枝振りを自在にあらわしている。全体に自然な形態描写に優れた画技を窺わせる。盛唐山水画を彷彿させるものであり、「新しい山岳処理の技法」[21]がここに見られる。さらに、谷間から立ち上がる瑞雲の特異な意匠も従来より指摘されている。渦を複雑に巻く雲頭の意匠が唐招提寺金堂の支輪板の瑞雲に近い。これについては、「従来の東大寺関係[illegible]だけからは考えることのできない新しい要素を具えている。」こ[illegible]風から考えると、金堂の堂内装飾について指導的な立場

図3　黒柿蘇芳染金銀山水絵箱（中倉156）　蓋表　正倉院宝物

にあったのは、おそらく新来の唐の工人ではなかったか」という推測がなされている。(22)

この雲文によく似たものは正倉院北倉に蔵される金銀平文琴（北倉二六）に見られる。この琴は正倉院宝物の中でも数少ない唐代の銘文を有する基準作で、「乙亥之年」「季春造作」という墨書銘があり、乙亥を唐の開元二十三年（七三五）に当てるのが通説である。ここにあらわされた瑞雲は確かに黒柿蘇芳染金銀山水絵箱や唐招提寺金堂の支輪板の雲に近いが、雲頭の形はこれらより基本的におとなしい。

次に、これら三者の年次的関係を見てみよう。最近行われた年輪年代測定の結果を勘案すると、唐招提寺金堂の創建は八世紀末～九世紀初頭と考えられる。(23)

では黒柿蘇芳染金銀山水絵箱は一体いつ頃の制作であろうか。

ここで国家珍宝帳に載せる鳥毛篆書屏風（北倉四四）を見てみよう。これは六扇に君主の座右の銘を篆書と楷書の二体であらわしたもので、篆書は鳥の羽毛を貼っている。楷書は地模様とともに地色から白抜きとする、いわゆる吹き絵の手法であらわしている。篆書に用いられた羽毛は日本産のキジやヤマドリと鑑定されており、(24)本屏風は日本製と考えられる。この地模様のうちの雲文はやはり複雑な渦を重ねた図様で、唐招提寺金堂支輪板より黒柿蘇芳染金銀山水絵箱の雲文に近似していることが注目される。

鳥毛篆書屏風は天平勝宝八歳（七五六）の国家珍宝帳に記載される品であるから、それ以前の製作であることは確かである。本屏風の製作の上限が問題となるが、このタイプの雲文は天平勝宝四年（七五二）の大仏開眼会以前には見いだせない。さらに、国家珍宝帳に記載された他の二点の屏風が参考となろう。まず著名な鳥毛立女屏風は、裏打ち紙に使われた反古文書の年紀天平勝宝四年が製作の上限ということになる。(25)次に羊木臈纈屏風は絹に臈纈染めで図柄をあらわしたものであるが、画面下端に、絹が税として納められた時と考えられる「天平勝宝三年十月」という墨書があり、屏風としての製作はこの年以後であることが確かめられる。また、象木臈纈屏風はこの羊木臈纈屏風に使用された絹と同じ位置に織ムラがあらわれており、この両者は同じ絹地でつくられたことが判明する。両者はロウ防染のための版型も共通しており、両者一連の制作と考えられる。さらには、羊木臈纈屏風と鸚鳥武臈纈屏風、熊鷹臈纈屏風と鸚鳥武臈纈屏風のそれぞれにも共通の版型が使用されている。(26)

つまり光明皇太后による宝物献納の少し前に一連の屏風製作が行われた可能性が窺われ、いま問題にしている鳥毛篆書屏風も雲文の形式を考慮に入れると、この折に一連のものとして製作された可能性が高い。

もうひとつこの黒柿蘇芳染金銀山水絵箱で注意しておきたいのは、床脚の刳形に葉脈をあらわした葉形を鎬立った彫法で立体的に刻出していることである。ここに見られる彫法は先に指摘した黒柿蘇芳染金絵長花形几や刻彫梧桐金銀絵花形合子の彫法とまったく同じと言ってよい。それは正倉院宝物で言えば、白檀製の刻彫蓮華仏座（南倉一六一）（図4）に典型的にみられるように、まさに檀像彫刻に通じるものである。後に触れる唐招提寺のいわゆる檀像系木彫に受け継がれることは言うまでもない。鑑真が第二次渡日を試みた際に伴っていた「彫檀刻鏤」（『東征伝』）の工人や、来朝時に将来した白栴檀像などを想起させる。

図４　刻彫蓮華仏座（南倉161）　正倉院宝物

これらを総合すると黒柿蘇芳染金銀山水絵箱は、黒柿を蘇芳染とし、金銀泥絵を施すという意匠や、立体的で鋭利、精緻な彫法が黒柿蘇芳染金絵長花形几と共通し、彫法は刻彫梧桐金銀絵花形合子にも通じる。すなわちこれらはほぼ同じ頃、同じ工房（工人）によって製作されたことが考えられる。長花形几や花形合子は東大寺戒壇堂の什物であった。戒壇堂は言うまでもなく鑑真和上が授戒を行うために建てられ天平勝宝七歳九月に完成した。従ってこれら二点の製作はそれ以後ということになるが、以上見てきたことを勘案すると、それほど下る頃とは思えない。光明皇太后による宝物献納の天平勝宝八歳を前後する時期、雲文の形式に着目すると、遅くとも八世紀末の唐招提寺金堂建立を遡り、おそらく鑑真和上が唐招提寺に移り住んだ天平宝字三年（七五九）までのことと考えるのが妥当であろう。

ちなみに、正倉院にはこの種の献物箱が数多く残っているが、さらに他の工芸品を含めても、床脚の刳形は複雑な形をしたものでも、本品のように自然な立体感を加味したものはほとんどない。その希少例として沈香木画水精荘箱（中倉一四二―一〇）、紫檀小架（南倉五四）などがある。沈香木画水精荘箱は、四側面の縁の帯状部分に金泥で山水を描いているが、これにも黒柿蘇芳染金銀山水絵箱の山水図に通じる趣がある。さらに、箱の内面は黒柿を蘇芳で染め、金泥で木理文を描いている。本品を唐将来と見る指摘があるが首肯すべきであろう[27]。

三　正倉院大般若経厨子と戒壇院華厳経厨子

正倉院の漆金銀絵仏龕扉（南倉一六〇）（図５）は長六角形の厨子の残欠で、長方形の扉四枚が残ったものである。木製黒漆塗り、表裏には金銀泥絵が施されてい

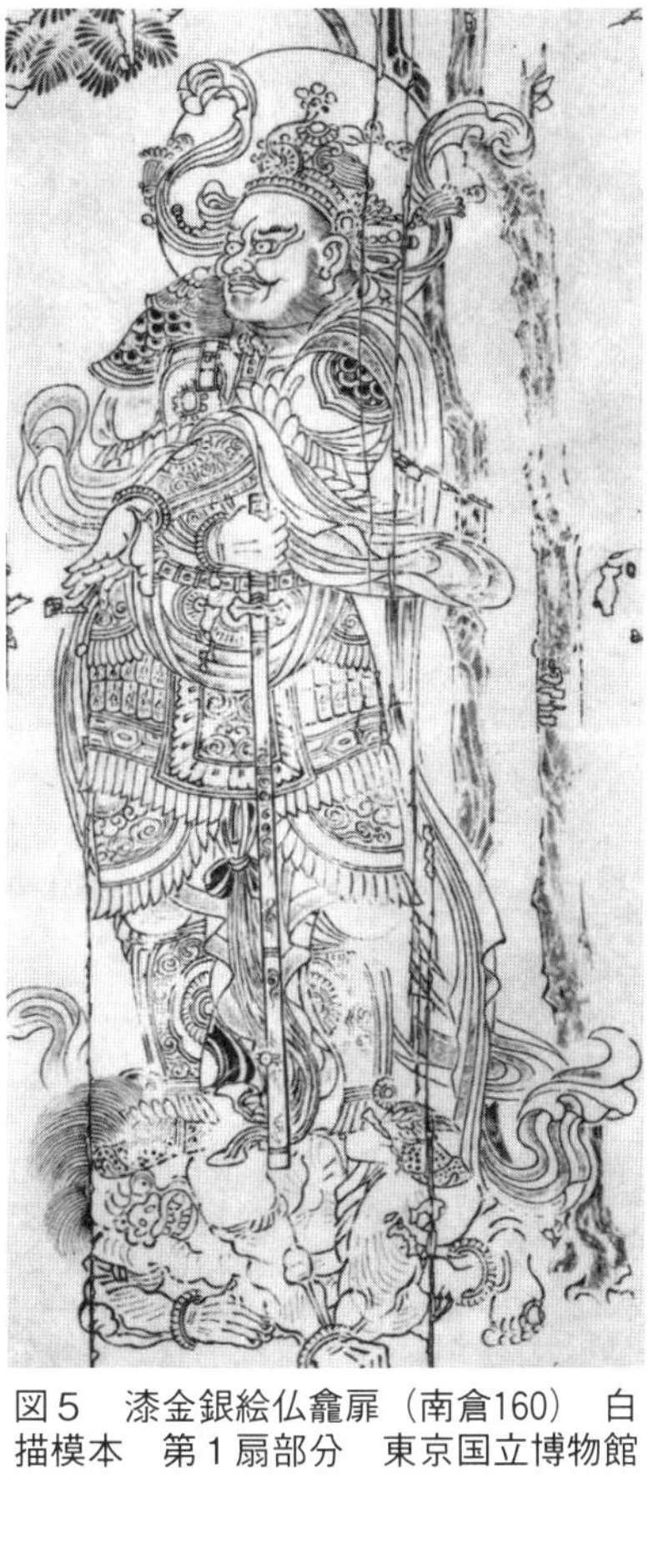

図５　漆金銀絵仏龕扉（南倉160）　白描模本　第１扇部分　東京国立博物館

ると考えられ、この厨子は大般若経を納めるために造られた可能性がある。[28]

さて、東大寺戒壇堂には、中心に高さ一丈五尺の金銅製六重塔が置かれ（『七大寺巡礼私記』）、天平勝宝七年（七五五）に造られた銅造四天王像が壇の四角に祀られていた。さらに華厳経を納めるための厨子が安置されていた。この厨子には華厳経四部が納められていたが、三部は八十巻本、一部は六十巻本であり、絵厨子であったと伝える（『東大寺要録』諸院章）。

この厨子は今は失われたが、その扉に描かれていた絵の図像が伝わっている（図６）。この戒壇院と正倉院の厨子扉絵は図像的な共通性があり、いずれも鑑真将来図像との関連が濃厚である。これらと唐招提寺の金堂や講堂の木彫仏像との像容の親近性についても着目されるところである。[29] 戒壇院厨子扉絵はどちらかと言えば古様なところを残しており、正倉院厨子扉絵の方が唐招提寺の木彫仏像に近い。

図６　東大寺戒壇院厨子扉絵図　持国天像

神将像に着目すると正倉院扉絵の持国天像の豊かな量感を強調した表現や甲の精緻な文様をあらわすところは、唐招提寺講堂の二天像に近い。それはまた鑑真が将来した檀像をも想起させる。唐招提寺の金堂やいわゆる旧講堂の木彫仏像の造立年代については、鑑真在世時の天平宝字年間から平安初期に至るまでの諸説がある。[30] いま問題にしている神将像については、講堂二天像は明らかに金堂四天王像に先行する製作と考えられ、旧講堂の伝薬師如来像、伝衆宝王菩薩像などとともに、鑑真在世時かそれにごく近い頃、鑑真が伴ってきたと思われる唐工人の何らかの関与のもとに造像されたと考えるべきであろう。これと正倉院の厨子との先後関係は決めがたいが、もし厨子が私の推定のごとく大般若経厨子であり、かつ鑑真との関わりが認められるとすれば、天平宝字二年（七五八）九月から十月にかけての唐僧による大般若経書写との関わりが濃厚である。[31] 光明皇太后の不予に際し鑑真が医薬を進上して効験があったと伝えられるが、この大般若経書写は、同年七月四日の光明皇太后重病の発表を受けての病気平癒を祈るためであった可能性は大である。[32] 扉絵の図像的特徴とも年代的に矛盾はなく、鑑真が東大寺に居住した最晩年のこととなる。ちなみに正倉院扉絵の持国天が突く大刀の鞘には、黒柿蘇芳染金銀山水絵箱や鳥毛篆書屏風に見た形に似た雲があらわされている。

さて、正倉院の厨子が鑑真と密接な関わりがあったとすると、これと制作時期をほぼ同じくし、図像的にも親近性のあった戒壇院華厳経厨子は、厨子として近い趣を呈していたかと考えられる。ただ、正倉院厨子が長六角形で、内外の絵は金銀泥彩であるが、戒壇院の方は平面形は不明、扉絵の白描図像には色名の指示が記されているところから通常の彩色画であったろう。白描図像のうち奈良国立博物館本が原寸大を伝えているとするならば、戒壇院厨子の方がやや小型であったようである。正倉院厨子が大般若経六百巻を納めたとするならば、戒壇院厨子は先述のとおり、華厳経四部、合計三百巻を納めたこととも矛盾しない。

つぎに戒壇堂中央壇上の四方に配置された四天王像について見ていこう。

四　大刀を突く神将像と戒壇院銅造四天王像

今日、戒壇堂に安置されている有名な塑造の四天王像は周知のとおり他堂から移されたもので、奈良時代創建当初に安置された四天王像は銅造であったという以外、大きさや形状など一切不明である。ただ、正倉院や戒壇院の厨子扉絵にみられる大刀を突く神将像をまじえた四天王像は、松田誠一郎氏の説くとおり鑑真将来の図像とみなされ、鑑真来朝後の八世紀後半に目立っている[33]。先に見てきたように、創建期戒壇院には鑑真一行がもたらしたと考えられる、盛唐でもその後期に展開した新たな様風が顕著であることを勘案すれば、創建当初の戒壇堂に安置された四天王像も戒壇院や正倉院の厨子扉絵の神将象と形状、作風ともきわめて近いものと想定してよいであろう。

体の正面、あるいはやや側方で両手を交差させて地に大刀を突く姿の神将像は特徴的な形と言え、我が国では作例はそれほど多くはない。八世紀後半に流行した後、平安時代にはあまり見られなくなり[34]、再び鎌倉時代に目立つようになる。これは鎌倉時代の南都復興、戒律復興の所産と考えられる。後述する東大寺真言院、西大寺末寺である大分永興寺や香川鷲峰寺などに伝わるところをみると、律宗系でこの種の四天王像が受け継がれたように思われる。

戒壇院銅造四天王像に続くこの種の四天王の作例としては、西大寺の四王堂に安置された金銅像があげられる。この像はそもそも西大寺草創に関わる四天王像で、孝謙上皇が藤原仲麻呂の反乱調伏を祈って天平宝字八年（七六四）発願、翌天平神護元年から鋳造を始めたものである。神将形という複雑な形の鋳造には期間を要したことが察せられるが（『扶桑略記』）、その完成時期は遅くとも『西大寺資財流記帳』の作成された宝亀十一年（七八〇）までのことではある。

この創建当初像は現在、本体の一部残片と足下の邪鬼を伝えるのみとなり、多聞天像は室町時代の補作とみられる木造にかわっている。残りの三体は銅鋳造で、制作時期については、平安時代、鎌倉時代初頭の南都復興期（叡尊入寺以前）、あるいは文亀二年（一五〇二）の本寺焼失後のいずれかと考えられるが、未だ定説をみない。いずれにしても、四天王像の基本的な形姿は創建当初像を襲ったものと考えられている[35]。

この四王堂には八角五重塔がおそらく壇中央に祀られ、金銅四天王像が四隅に配置されていたのであろう。戒壇院の場合、六重塔であり塔の形式は異なったようであるが、堂内の基本的配置は同様であることが注目される。西大寺四王堂では乾漆火頭菩薩像二躯、さらに七躯の塑像が堂内に安置されており、密教色が濃厚になっていることが特色である。

西大寺の造営は大事業のため造寺司がおかれ、神護景雲元年（七六七）、造西大寺司長官に佐伯今毛人が就任しているが（『続日本紀』同年二月二八日条）、彼は早くから東大寺の造営に関わり、天平勝宝七年（七五五）には造東大寺司長官に昇った人物である。佐伯今毛人にとって東大寺戒壇院造営は記憶に新しかったことであろうし、称徳天皇や道鏡にとっても戒壇院や唐招提寺に漂う最新の唐風を意識したに違いない。今毛人は天平神護年間に勅命により西大寺の「塔殿門楼」を造営したと伝えられるが（『延暦僧録』第五東大居士佐伯今毛人伝）、西大寺の創建当初の建築や仏像には中国の強い影響が窺われることは周知のとおりである。このことは、鑑真の弟子、唐僧思託が西大寺の八角塔の様を造っていることからも窺われる（『延暦僧録』第一従高僧沙門釈思託伝）。この八角塔は当初計画にあった東西塔のことであろうが、かつて四王堂内の八角五重塔に当てる考えがあったことも想起しておきたい(36)。

つぎに、鑑真一派や唐招提寺との関連が従来から指摘されている大安寺についてみておこう。最近、木造四天王像のうち広目天像が元来は両手を体正面で交叉させ大刀を突く姿であったとする見方が提示された。いわゆる大安寺木彫群と唐招提寺木彫群との関連は一般に認められるところであるが、より具体的な指摘がなされた。すなわち、その制作時期については、早良親王が大安寺の伽藍修復を行った宝亀元年から六年（七七〇〜七七五）あたり、造東大寺司の手になると考えるのである。そして、その背景には大安寺と関わりのあった思託を想定している(37)。

さて、大刀を突く神将像について考察を進めていく上で、東大寺に関わりのある作品として、つぎの二点に注目したい。

まず四天王像としては東大寺真言院地蔵堂に安置される木彫諸像である。平成三年の解体修理に伴い像内から願文が発見され、それによると弘安四年（一二八一）、新禅院聖守が発願し、蒙古調伏を祈って制作されたことがわかる(38)。天慶元年（九三八）創建と伝えられる新禅院は、鎌倉時代後期に至って聖守によって再興されるが、その中心堂宇と思われる一間四面堂には多宝塔と四天王像が安置された（『東大寺続要録』諸院編）。おそらく戒壇院と同様、多宝塔を中心に据え、四隅に四天王像を配していたものと思われる。このうち持国天像（図7）は体正面で両手を交叉させ、左手に独鈷杵、右手に棒状のものを持つが、握っている部分を残してほとんど欠失している。これは大刀もしくは杖刀とみてよいであろう。聖守の弟円照は戒壇院中興の祖であり、堂内の安置形式と四天王像の形状については戒壇院のそれを範としたことが考えられる。

ついで画像であるが、大英博物館所蔵の絹本着色不空羂索観音二神将図が注目される。

本図は中央に岩の上の蓮華座に坐す三面四臂の不空羂索観音像を描き、その下方、向かって右に毘沙門天立像、左に執金剛神立像を

図7　東大寺真言院四天王像　持国天像

配している。このうち不空羂索観音は現図胎蔵界曼荼羅蓮華部院の像を転写したもので、また執金剛神像は法華堂現存の著名な塑像を写したものである。残る毘沙門天像については右手で宝塔を捧げ、左手は大刀の把を握り地に突き立てる珍しい姿で、これに一致する図像は見いだせないが、先に触れた戒壇院厨子扉絵に近似する部分がみられるところから、そのうちの二天を組み合わせたとする解釈がなされている[39]。

さて、本論に関連して問題となるのは、毘沙門天像である。正倉院厨子扉絵のような存在を考慮すると、同時期、同種の図像が東大寺内に複数存在したことが窺われる。正倉院厨子扉絵もすべての図像が明らかになっているわけではない。合成したと考えるよりは、左手で大刀を突く毘沙門天の画像または彫像が東大寺内に存在していたと考えた方がよいのではないだろうか。

本図については最近、治承の兵火による東大寺焼亡後、復興された法華会の本尊として鎌倉時代初頭に制作されたと推定し、片手で大刀を突いた姿の毘沙門天像のほか、不空羂索観音、執金剛神という三種の尊像が選択されたことについて、良弁を核として考える意見が提示された[40]。良弁は指摘のとおり、天平勝宝七年（七五五）十月十三日の戒壇院の落慶法要には導師鑑真につぐ咒願師として列席している。戒壇院厨子は良弁に密接な関わりのある華厳経を納める厨子であったことから、毘沙門天像の図像選択に当たって、このことに着目し良弁との関わりを想定するのである。その左足をややひいて、つま先を立てたような表現はいかにも絵画写しの感があるが、しかしながら厨子に描かれていたのは異なる姿であり、本図に描かれた毘沙門天像は厨子扉絵ではなく、壇上に安置された銅造多聞天像を典拠とした可能性もあるのではないだろうか。

この形の神将像は唐代に作例がある。例えばシカゴ自然史博物館石造神将立像は不空羂索二神将図とは手の左右を逆にするが、左手に宝塔を捧げ、右手で大刀を突いている[41]。また西安香積寺旧蔵と伝えられるボストン美術館石造四天王立像のうちの一体は上げた左手先が欠失しているが、やはり宝塔を捧げていた可能性が高い[42]。彫像か画像かは別として、この形の毘沙門天（多聞天）が八世紀のわが国にも伝えられていたとしても不思議ではない。

ここで、大刀を突く神将像を含む四天王一具としての形式をみておきたい。彫像の場合、腕や持物が後補であることも多く、厳密な比較は困難である。ただ完全に一致する作例はなく、結論的に言うと友鳴氏が指摘するとおり、「大刀を突く神将像だけが同じであって、他の三体については特に共通しておらず、特には決まっていない[43]」と考えておいてよいであろう。現在、興福寺北円堂に安置される木心乾漆造四天王像はもと延暦十年（七九一）に制作された大安寺の像であった。現大安寺の木彫四天王像とは制作年代が近いが、後補部分を考慮したとしても、両者は一具としては図像的に一致しない。

そもそも戒壇院厨子扉絵の四天王像は珍しい図像で、神将像の形としては個々に十二神将や二十八部衆などにみられるが、四天王一具としてこれを襲った彫像、画像は稀で、東大寺蔵倶舎曼荼羅図に描かれた例が知られるくらいであろう。多聞天像は片手に宝塔を捧げる形がほとんどであり、大刀を突いた神将像を含む場合も例外ではない。同時代の例としては唐招提寺金堂の木彫像、興福寺北円堂（大安寺旧蔵）木心乾漆像など、いずれも宝塔を捧げる姿である。

さて、戒壇堂壇上には少なくとも両腕を交差させて大刀を突く神将象が安置された可能性は高く、平安時代以降にこの種の四天王彫像がいくつか知られることからも、それらの源として鑑真将来と考えられる図像や戒壇院厨子扉絵よりも、むしろ直接的に戒壇堂壇上の四天王像を考えた方がよいのではないだろうか。

その際、先述のとおり、戒壇堂形式の四天王像には一具としての規範性は認められない。大刀を突く神将像以外の三体は、各時代を通じて一般的な四天王像の形を採用しているからである。

ところで鑑真の四天王信仰については既に指摘されるところである(44)。すなわち五回目の渡航を試みた際、海上で遭難しかかったときのことを伝えた『東征伝』のつぎの記述による。

「中夜時、舟人言、莫怖、有四神王、著甲把杖、二在船頭、二在檣軸邊、衆人聞之、心裏稍安。」

甲を着けた四神王とはすなわち四天王のことであろう。船首と帆柱のところに二天ずつあらわれ、それによって一行は心安らいだという。

さらに最近、この四天王が「把杖」とあるところに着目し、大刀を突いた神将像に鑑真一派にとって特別な意味があったとみる考えが示された(45)。〝杖を把む〟という具体的な姿について問題は残るが一応留意しておくべきであろう。

そこであらためて、〝大刀（剣）を突く〟という姿についてみておきたい。

この姿は洋の東西を問わず古くからみられる。剣を突いて椅子に腰かける帝王、大刀（剣）を突いて立つ門衛など、時と所をかえて見出すことができる。これがいつ頃仏教に採り入れられたかについてはいま論じる力を持たないが、中国においても各時代を通じてこの形の神将像は多いとはいえない。早期の例としては北魏代にもみられるが、流行するのは唐代に入ってからのように見受けられる。以下に七世紀の制作年代を明らかにする作例を掲げておく。

西安大慈恩寺大雁塔門框線刻　永徽三年（六五二）

龍門石窟楊氏造盧舎那像龕北壁　龍朔二年（六六二）

唐道因法師碑線刻　龍朔三年（六六三）

甘粛省蓮花寺石窟　第五龕　咸亨五年（六七四）(46)

この後、八世紀以降には間々みられるようになるが、この形の神将像の造像のきっかけとして、貞観十九年（六四五）に玄奘がインドから帰国したことが考えられないだろうか。いま掲げた作例中に名の見える道因法師は玄奘の訳経事業に参加した人物である。玄奘の帰国は美術史上においても檀像の将来など、いくつかの重要な影響を残している。そのうちの一つとして、視野に入れておいてもよいのではないだろうか。

そうした推測とは別に、本論ではさらに鑑真にとって玄奘はいかなる位置にあったかを考えてみたい。

正倉院の厨子は先述のとおり、納経厨子とすると、まず大般若経厨子の可能性が高い。大般若経厨子には十六善神図が描かれることが多いが、鎌倉時代に入ると玄奘と深沙大将が加えられるようになる。また十六善神図を描かないものでも、笠置寺般若台六角厨子では玄奘像がある。玄奘は、経典を求めてのインドへの砂漠行では常に般若心経を念じ、とくに諸悪鬼に襲われた際にはこの般若心経を誦して難を逃れた。そして帰国後の訳経の功績の中でも、龍朔三年（六六三）に完了した大般若経六〇〇巻の訳出は玄奘の精根を尽くした最後の大事業であった。玄奘の姿は、とくに奈良時代にあって、大般若経を納める厨子を荘厳するにふさわしい。厨子の制作にあたって、全体の構成や個々の図像、図様に鑑真たちの影響が及んでいるものと思われる。

鑑真は若き日に七年間にわたり洛陽、長安に留学し、長安の実際寺では具足戒を授かっている。とくに京洛においては玄奘の功績に親しく触れたことであろう。鑑真は来朝時に『大唐西域記』を携えており（『東征伝』）、また入唐大使藤原清河の家屋を施入したと伝える羂索堂には「三蔵玄奘弟子僧衆像」を祀っていた（『招提寺建立縁起』）。

玄奘は天竺より釈迦如来肉舎利一百五十粒を中国に将来、鑑真は中国より舎利三千粒をわが国にもたらした。舎利信仰は玄奘から鑑真へ、インドから日本へと伝えられた。

五　梵網経十八種物と正倉院宝物

天平勝宝八歳（七五六）四月、盧舎那殿前において聖武太上天皇の十八種物を、唐僧をして羯磨なさしめた（『東大寺要録』諸院章戒壇院条）。現在、正倉院中倉に伝えられる『梵網経』（中倉三四）は当時の標準的な写経とくらべて本紙の縦二十一・〇センチと小型で、しかも通常、上下二巻であるのに対して、一巻に合装されている。書写の筆致は格調高く、表紙は紫紙に金銀泥絵を施し、水晶軸端を用いた丁重、豪華な表装である。このことから堀池春峰氏は正倉院の『梵網経』は、菩薩戒を受けたものが頭陀行の際に身につけるとされた十八種物のうちの一つで、天平勝宝八歳に羯磨された聖武太上天皇の十八種物のうちの『梵網経』に当たると指摘された(47)。

その他の正倉院宝物と十八種物との関連についても堀池氏の論考に詳しいのでそれに譲り、ここでは本論の内容に関連して次の点だけを指摘しておくに留める。

この正倉院の『梵網経』には経筒が付属しているが、檜材を用いて素地に金銀泥で花鳥文を描いている。本論で述べ来った美的新風という見地からは、木地を生かした肌色に金銀を配した色調は、先述した梧桐合子やさらには白檀彫刻などにも共通した趣があることが注目される。

おわりに

鑑真和上はそれまでの日本にはいなかった、正式な戒を授けることができる資格を有した僧侶であったことで、師の来朝はわが国宗教史上画期的な意義を有していることは言うまでもない。正式な授戒がいかに待望され、重視されたか、そのことが視覚的、造形的にあらわれたのが創建期戒壇院の美術であるとも言えよう。国銅を尽くしたとも言われた東大寺大仏の鋳造直後という時期にあって、規模が小さいとは言え、一丈五尺に及ぶ宝塔と四天王像四体を、いずれも金銅製としたことは注目に値する。言うまでもなく、当時わが国で仏像を造るのに最も格が高いのは金銅製であった。残念ながらこれらは失われてしまったが、その他の仏具、調度など、戒壇院は最新の意匠と技法とで満たされたことであろう。

鑑真和上が唐朝の文物を携え、弟子や、おそらくは工人たちとともに来朝したことは、宗教史上のみならず我が国美術史上にも盛唐後期の美術の将来ということで画期的であった。完成された天平古典美術からさらなる展開を促すことになった。唐招提寺に残る唐風色濃い木彫仏像群は、単に新しい作風が見られるのみならず、技法的にも当時行われていた銅造、乾漆造、塑造ではなく、我が国に豊富な檜や榧といった木を採用し㊽、その後の木彫全盛への道を開いたことで大きな意味を持つものであった。正倉院宝物に指摘した唐代金属器を写したかのような木工品、そしてそれらの鋭利、精緻な彫法はこうした仏像の登場に先行するものと言える。

ここでは触れなかったが、樹下人物などの新しい図様、文様の登場、金銀泥絵の流行など、鑑真一行の来日と遣唐使の帰国は八世紀後半の日本美術に大きな影響を及ぼした。新しい錦や綾の織りと文様など㊾、鑑真一行がもたらした盛唐の美術は正倉院宝物に色濃く反映されている。装飾性の強い特徴的な意匠はその後の和様化の流れの中に影を潜めていったが、東大寺戒壇院あたりにいち早く開花し、その一部が正倉院に伝えられたのである。

（みやけ　ひさお・奈良大学教授）

註

（1）林部均、鶴見泰寿「東大寺唐禅院跡の発掘調査」（『仏教芸術』二八一　二〇〇五）
（2）花籠（南倉四二）の墨書銘「中宮斎会花筥天平勝宝七歳七月十九日東大寺」による。崩御は天平勝宝六年七月十九日（『続日本紀』同日条）。
（3）高橋照彦「正倉院三彩の伝来過程と製作契機」（『仏教芸術』二五九　二〇〇一）
（4）東小塔の墨書がある宝物には他に中倉一五二蘇芳地金銀絵箱、南倉一三金銅六角盤がある。
（5）貴島恒夫、嶋倉巳三郎、林昭三「正倉院宝物の木材材質調査報告」（『正倉院年報』三　一九八一）
（6）井上正「華曼」（『奈良六大寺大観　唐招提寺一』岩波書店　一九六九）
（7）鈴木喜博「刻彫梧桐金銀花形合子の宝相華文について（雑感）」『第五十九回正倉院展』（奈良国立博物館　二〇〇七）
（8）三宅久雄「正倉院から唐招提寺へ―鑑真和上来朝と盛唐美術受容の一端―」『仏教芸術』二五九　二〇〇一）
（9）長廣敏雄「唐代の唐草文様」（『仏教芸術』八　一九五〇）
（10）林良一「仏教美術における装飾文様（16）」（『仏教芸術』九九　一九七四）
（11）小田誠太郎「東大寺天平彫刻の文様について」（『仏教芸術』一四七　一九八三）
（12）神田雅章「東大寺八角燈籠の姿形と製作年代」（『南都仏教』八七　二〇〇六）
（13）『大日本古文書』四―二二二、二三―二二三～二二六。
（14）井上正「華盤」（『奈良六大寺大観　唐招提寺二』岩波書店　一九六九）
（15）昭和九年十月調書に「桂ノ材（?）」、帝室博物館『正倉院御物図録』一二（一九三九）に「桂の材を板目に用ひ」とある。花形皿は昭和四十年代に修理されたが、かつては漆塗膜の剝落などで木地が露出したところもあったようである。
（16）井上正「華盤」解説の註二（『奈良六大寺大観　唐招提寺一』岩波書店　一九六九）
（17）「正倉院宝物の木材材質調査報告」（『正倉院年報』三　一九八一）では林昭三氏の見解として黄楊木彩絵挟軾脚（南倉一七四―六）の一部がカツラ様であると記している。
（18）『正倉院の木工』（日本経済新聞社　一九七八）
貴島恒夫、嶋倉巳三郎、林昭三「正倉院宝物の木材材質調査報告」『正倉院年報』三　一九八一
島地謙・伊東隆夫編『日本の遺跡出土木製品総覧』（雄山閣　一九八八）
（19）毛利久「盧舎那佛坐像」・井上正「薬師如来立像」・水野敬三郎「千手観音菩薩立像」（『奈良六大寺大観　唐招提寺二』岩波書店　一九七二）
（20）小原二郎「日本彫刻用材調査資料」（『美術研究』二二九　一九六四）
小原二郎『木の文化』（鹿島出版会　一九七二）
（21）東京国立文化財研究所編『高雄曼荼羅』（吉川弘文館　一九六七）
（22）井上正「金堂の文様」（『奈良六大寺大観　唐招提寺一』岩波書店　一九六九）
（23）前園実知雄「考古学から見た唐招提寺の創建と金堂の建立」（『仏教芸

術』二八一　二〇〇五）

(24) 大賀一郎ほか「昭和二八―三〇年正倉院御物材質調査」（『書陵部紀要』八　一九五七）
柿澤亮三・平岡考・中坪禮治・上村淳之「宝物特別調査　鳥の羽毛と文様」（『正倉院紀要』二二　二〇〇〇）

(25) 杉本一樹「鳥毛立女屏風本紙裏面の調査」（『正倉院年報』一二　一九九〇）
三宅久雄「鳥毛立女屏風」（『正倉院学ノート』朝日選書六二三　一九九九）

(26) 『正倉院宝物　北倉』（朝日新聞社　一九八七）

(27) 『正倉院の絵画』（日本経済新聞社　一九六八）図版解説四九―五〇頁。

(28) 三宅久雄「漆金銀絵仏龕扉の復元的考察」（『正倉院紀要』二〇　一九九八）

(29) 濱田隆「鑑真をめぐる天平絵画の動向―戒壇院扉絵を中心として―」（『南都仏教』一五　一九六四）
松田誠一郎「法隆寺食堂梵天・帝釈天・四天王像について」（『美術史』一一八　一九八五）
松田誠一郎「菩薩像、神将像の意匠形式の展開」（『日本美術全集　四』講談社　一九九〇）

(30) いくつかの時期に分かれる造立年代については左の論文にまとめられている。
毛利久「唐招提寺彫刻の問題点」（『奈良六大寺大観　唐招提寺二』岩波書店　一九七二）

(31) 『大日本古文書』一四―二二一・七四、二五―二四一

(32) 松田誠一郎「光明皇太后不悆と唐招提寺木彫群」（『仏教芸術』一五八　一九八五）

(33) 前掲註(29)松田誠一郎「法隆寺食堂梵天・帝釈天・四天王像について」

(34) 平安時代には次のような作例がある。
東京・ロンドンギャラリー　木造四天王立像
大分・真木大堂　木造四天王立像
熊本・千光寺　木造二天王立像
鹿児島・隼人塚　石造四天王立像

(35) 町田甲一「四天王立像　四王堂所在」『奈良六大寺大観　西大寺』岩波書店　一九七三
金子啓明『日本の古寺美術一〇　西大寺』（保育社　一九八七）

(36) 足立康「西大寺八角七重塔に就いて」（『東洋美術』一二　一九三一）

(37) 友鳴利英「大安寺四天王像序論―広目天像の形姿復元と大刀を突く四天王像―」（『文化財学報』二五　二〇〇七）
同「大安寺木彫群の製作背景と造立年代について」（第61回美術史学会全国大会　二〇〇八）

(38) 東大寺教学部編『東大寺諸尊像の修理』（毎日新聞社　一九九四）

(39) 有賀祥隆「不空羂索観音二神将象」（『秘蔵日本美術大観―大英博物館I―』講談社　一九九二）

(40) 古川攝一「大英博物館所蔵不空羂索観音二神将像試論―図像と制作背景―」（『美術史』一六四　二〇〇八）

(41) Osvald Sirén, CHINESE SCULPTURE, Ernest Benn Ltd., 1925, PL.410A.

(42) Osvald Sirén, CHINESE SCULPTURE, Ernest Benn Ltd., 1925, PL.388A.

(43) 前掲註(37)友鳴利英「大安寺四天王像序論」

(44) 安藤更生『鑑真』（吉川弘文館　一九六七）

(45) 前掲註(37)友鳴利英「大安寺木彫群の製作背景と造立年代について」

(46) 『隴東石窟』（文物出版社　一九八七）

(47) 堀池春峰「正倉院御物・梵網経と十八種物」（『日本歴史』二四七　一九三八）

(48) 金子啓明・岩佐光晴・能城修一・藤井智之「日本古代における木彫像の樹種と用材観―七・八世紀を中心に―」（『MUSEUM』五五五　一九九八）

(49) 松本包夫「上代染織の絵画的文様私考」及び白橡綾几褥図版解説（『日本美術全集三』講談社　一九九二）

付記

本稿のうち一〜三は、二〇〇六年の奈良国立博物館主催正倉院学術シンポジウムにおける発表「正倉院宝物と鑑真和上」（『正倉院宝物に学ぶ』〈思文閣出版　二〇〇八〉に公刊）に加筆したものである。

戒律文化と仏像
―奈良時代を中心に―

井上一稔

はじめに

これまで仏像は、あまり戒律と関係するという視点から研究されてこなかった。[1] しかし『瑜伽師地論』には、仏の三十二相は浄戒によって生まれる、[2] と説かれていることだけを考えても、仏像と戒律の関係を等閑にすることはできない。

そこで本稿では、まず奈良時代の作例を念頭におきながら、大乗戒と仏像の関係について受戒儀礼を中心にして考える。その後視点を変えて、わが国でも広く受容された『四分律刪繁行事鈔』から、あるべき造像が戒律生活ではどのように考えられていたかを探ってみたい。

一　大乗戒と仏像

大乗戒は菩薩戒ともいい、[3] 大乗仏教の菩薩が保つべき戒で、律蔵に説く七衆（比丘・比丘尼・沙弥・沙弥尼・式叉摩那・優婆塞・優婆夷）の保つ別解脱律儀（小乗戒）に対して、大乗経典に説かれる。インドで大乗戒は、小乗戒を継承しながらも、利他行を重視する大乗仏教としての性格を付与した三聚浄戒（摂律儀戒・摂善法戒・饒益有情戒）によって特色付けられるようになる。具体的には、『瑜伽師地論』で摂律儀戒は、小乗の七衆の別解脱律儀と規定され、その上に菩薩戒独自の摂善法戒・饒益有情戒を加えて構成されるのである。

中国では小乗戒を持すことが基本とされたが、文化の伝統・民族性・気候風土などの違いから、大乗独自の戒が要請され、十重四十八軽戒からなる『梵網経』などの偽経が作られた。ここに中国での大乗戒は、小乗戒を含む『瑜伽師地論』のいわゆる瑜伽戒と、『梵網経』の梵網戒が二大潮流となり、わが国にも影響を及ぼすのである。

以下に、わが国での大乗戒と仏像の関係を、〈瑜伽戒〉と〈梵網戒〉の二系統に分けて検討する所以である。

〈瑜伽戒〉

『瑜伽師地論』本地分中菩薩地第十五・初持瑜伽処戒品から、戒と仏像の関係を示す部分を引いておこう。

（a）…菩薩の浄戒を乞受せんと欲す… 有智有力の勝菩薩の所にして謙下し、恭敬し、膝輪地に據り、或は蹲踞し、坐して佛像の前に対して是の如きの請を作す、唯だ願はくは大徳よ、…哀愍して我に菩薩の浄戒を授けたまへと。…能授の菩薩是の如き問を作し…浄戒を受け已つて能受の菩薩坐を起だず、能授の菩薩、佛像の前に対し、普ねく十方現住の諸佛及び諸菩薩に於いて恭敬し、供養し…(4)

（b）又諸菩薩、菩薩の浄戒律儀を受けんと欲し、若し功徳を具足せる補特伽羅に会遇せずんば、爾の時、応に如来の像前に対し、自ら菩薩の浄戒律儀を受くべく、応に是の如く受くべし…(5)

最初に(a)では、師から戒を授かる従他受戒を説き、ここではその師を「有智有力の勝菩薩」「能授の菩薩」としている。受戒者は先に仏像の前で菩薩戒の受戒を願っているし、受戒後も能授の菩薩が仏像を通じて諸仏・菩薩に供養をするなど、仏像の必要なことが理解できる。また(b)において、功徳のある僧にあわず、一人で受戒する自誓受戒では、如来の像の前で授戒することを説いている。

これより、瑜伽戒における受戒には、仏像が必要とされていることが分かる。後述の梵網戒と異なるのは、好相を説かないことである。(6)

〈梵網戒〉

わが国で鑑真和上来朝以降に基本的な戒経となった『梵網経』では、瑜伽戒と同様に自誓受戒と、従他受戒を説く。それぞれについて仏像がどのように規定されているかを、第二十三軽戒からみておこう。

若仏子、仏滅度の後、心に好心をもて菩薩戒を受けんと欲する時は、仏・菩薩の形像の前において、自ら誓って戒を受けよ。当に七日をもて仏前に懺悔し、好相を見ることを得ば、便ち戒を得べし。もし好相を得ざれば、応に二七・三七、乃至、一年なりとも、要ず好相を得べし。好相を得已らば、便ち仏・菩薩の形像の前にして戒を受くることを得。もし好相を得ざれば、仏像の前にして戒を受くと雖も、得戒せず。(7)

まず自誓授戒では、仏・菩薩の形像の前で自ら誓いをたてて戒を受けるのであり、授戒が成立する（得戒）条件として好相を見ることをあげている。好相というのは、後述の四十一軽戒に記す仏を見る神秘体験のことを指す。とりあえずこれより、自誓受戒には仏像が不可欠であったことが分かる。

次に従他受戒では、同じく第二十三軽戒に「もし現前に先に菩薩戒を受けし法師の前にして、戒を受くる時は、要ずしも好相を見ること須ひず」(8)とある。ここには仏像のことは記されないから、従他受には仏像は必要なかったと考えられる。また菩薩戒を受けた法師の前での受戒には、必ずしも好相は必要でないと説く。

しかし、先の瑜伽戒を参考にすれば、仏像のある場での受戒は、その仏像に対して拝礼したことは予測されるし、四十一軽戒では従他受に関して少し異なる記述がある。

若仏子、人を教化して信心を起こさしむる時、菩薩、他人の与に教誡の法師と作らば、戒を受けんと欲する人を見ては、応に教えて二師を請はしむべし。和上と阿闍梨となり。二師応に問ふて言うべし。「汝、七遮罪ありやいなや」と。もし現身に七遮あらば、師与に受戒せしむべからず。七遮なくんば、受くることを得。もし十戒を犯ぜしことあらば、応に教えて懺悔せしむべし。仏・菩薩の形像の前にありて、日夜六時、十重四十八軽戒を誦し、もし三世の千仏を礼するに到らば、好相を見ることを得しめよ。もし一七日、乃至、一年、要ず好相を見るべし。好相とは、仏来りて摩頂し、光を見、華を見る種々の異相にして、便ち罪を滅することを得。もし好相なくば、懺すと雖も益なし。この人、現身にまた戒を得ず。（以下略）[9]

右の引用は、受戒を欲する人のために、和上と阿闍梨の二師を請わしめて行う従他受の方法を説くのであるが、七遮罪があれば受戒出来ないという条件とともに、十戒を犯した人の授戒の方法を記している。それは十（重）戒を犯した人の懺悔法で、二十三軽戒にも説かれた仏菩薩像の前で好相を見ることを要求するのである。つまり、従他受においても、条件によっては、仏像を必要としたことが理解できる。

故に梵網戒においては、自誓受・従他受戒にかかわらず、十分な受戒を行うには仏像が必要とされていたと言えよう。

ここで四十一軽戒における「二師」ついてもう少し検討しておきたい。石田瑞麿氏は[10]、二師を法蔵が『善戒経』に説く「不可見」の師としての仏菩薩と、「可見」の戒師であるとされた[11]。さらに石田氏は、第三十七軽戒に説く菩薩僧の持つべき十八種物の内の仏菩薩形像が、「不可見」の師である和上の役を担ったのではないかと考えられている。佐藤玄達氏[12]も同様に法蔵の解釈を引かれ、さらに天台慧思（五一五―五七七）の「授菩薩戒儀」に「夫れ大乗戒法を受くるには、先づ伝授菩薩戒師一人を請うことを教えて請引す」[13]とあり、戒師を一人のみ必要としていることから、十八種物の仏菩薩形像を和上とみなした例として示されている。

以上によって、瑜伽戒・梵網戒の授戒ともに仏像が必要とされたことが確認できた。最後に、『梵網経』三十七軽戒において、布薩の日には仏菩薩形像の前で十重四十八軽戒を誦すべきことが述べられていることを注意しておきたい[14]。これより、受戒と共に布薩を行うためにも、仏像は必要とされたことが知られるのである[15]。

二　大乗戒における仏像の性格

この節では、瑜伽戒・梵網戒と関係する仏像の性格について考えてみよう。

『瑜伽師地論』においては、仏像を通して「十方現住の諸仏および諸菩薩」に恭敬・供養するように述べられていることが注目できる[16]。仏像はあらゆる諸仏菩薩を象徴する存在として捉えられているのである。

同様なことは、『梵網経』四十一軽戒においても、仏菩薩の形像の前で三世の千仏を礼することを述べている。[17] 智顗『菩薩戒経義疏』[18]では、二師の和尚を「有（ある）」が言く、和尚とは諸仏を指して和尚と為す」としている。

このように仏像を通して諸仏菩薩を見ることは、次に考察する好相と深く関係する。この点を山部能宜氏[19]は、好相には五世紀成立の滅罪を強調する禅観経典が大きな影響を与えたとされている。詳細は山部氏の論によられたいが、注目しておきたいのは、禅観経典の内、『般舟三昧経』は「諸仏現前三昧」「十方現在仏悉前立定」といわれる仏の姿を目の当りに見る三昧を、『治禅病祕要経』は「現前に百千の諸仏を見る」という諸仏現前三昧を説いていることである。これらが、先述の瑜伽論や梵網経の表現に通じることは明らかであろう。

また山田明爾氏[20]は、『般舟三昧経』四事品に、行者が三昧をすみやかに得る方法の一つとして、「作仏形像」のあることを指摘されている。山田氏は、「仏」の相好を「仏像」に表現されている相好として捉えようとしていること、他の三昧経ではより鮮明に、見仏の方法として仏像の存在を不可分の前提条件としていることを述べられている。

そして久野美樹氏[21]は、中国初期石窟が五世紀に多く造営されていることは、禅観経典が五世紀前半にまとめて漢訳されていることと関係するとされ、その一つの具体例として、麦積山初期窟が「三世十方諸仏の浄土」を具現化した「中国初期浄土美術」であるとされることは興味深い。

以上から、大乗戒に用いられる仏像には、その根底に修行によって目の当たりに多くの仏の姿を見ようとする見仏の思想が影響していると考えられる。一体の仏像は、そこに一切仏が象徴される存在であると理解できよう。

三 「好相」について

「好相」について考えたいが、このことは実際の仏像と密接に関係してくると思われる。改めて『梵網経』四十一軽戒の好相の箇所を引用しておこう。

> 十戒を犯ぜしことあらば、応に教えて懺悔せしむべし。仏・菩薩の形像の前にありて、日夜六時、十重四十八軽戒を誦し、もし三世の千仏を礼するに到らば、好相を見ることを得しめよ。もし一七日、乃至、一年、要ず好相を見るべし。好相とは、仏来りて摩頂し、光を見、華を見る種々の異相にして、便ち罪を滅することを得。[22]

十戒を犯した懺悔のために、三世の千仏を見て礼したのち、好相を得よというのである。その好相とは「仏来りて摩頂し、光を見、華を見るの種々の異相」だと説明している。

この仏が来て摩頂（頭をなでる）するという行為は、三世千仏から再び一仏に立ち戻ってなされているわけである。摩頂する一仏は、現前の仏像を通じてのものであることは変りないであろうから、現前の仏像の前で新たなビジョンが展開されているのである。よって現前の仏像に、このビジョンが何らかの形で反映されている可能性が想定されてくる。この点は、先の見仏と仏像に関する山田氏の指摘[23]からも予測できるところであろう。では一体、それは仏像にどのように反映されているのだろうか。結論的に言うと、好相の要素である「光」と「華」に光背が、「種々の異相」に仏像の表情が関係する作例があると考えている。

以下にそれぞれについて説明するが、別稿で奈良時代の光背を検討[24]した際に得た知見が、この度は好相と関係することを述べる。また、好相と仏像の表情に関しては、唐招提寺木彫群について、これも別稿[25]で考察した内容の中心部分を再述したい。よって、作例の詳細等については、それぞれの拙稿をご参照いただきたい。

〈光背〉

『梵網経』の好相の「光」と「華」という要素は、多くの経典にみられるかもしれないが、ここでは『梵網経』と関係深い『華厳経』の記述をみておこう。

『華厳経』巻六[26]には、仏の口から放たれる光明を、多くの宝華が遍く照らす光明としており、光と華の関係が密接に表現されている。巻八には「宝華旋布して光明を放ち」という表現がみられ、宝華は舞い落ちて（旋布）光明を放つのであり、さらに具体的に光と華が結びついている。同じく巻八には、菩薩雲なるものから出された光焔は、その形を輪とし、そこは妙華で飾られると記している。

要するに右の例から、仏菩薩の発する光には、それ自体が光を発する宝相華が付属していることが知られるのである。ここで、仏菩薩の発する光の表現としては、光背が最も関係深く、その光背を宝相華で飾る早い例として、天平期の光背が見出されてくるのである。

天平期の光背の構成要素としては、重圏帯を持つこと、外縁周に火炎あるいは火炎化された唐草文がつくこと、透彫が多く文様は華麗で多様といった要素が指摘されている[27]。重圏帯は、何本かの曲線を用いて光背の輪郭を形成しているのであるが、これは光の輪に他ならず、光輪線と呼べるものである[28]。外縁にある火焔の意味するところは、光明を形にする、いくつかある表現の一種として捉えられよう。そして光背中にある透彫の文様は、多くは宝相華を用いている。これは、『華厳経』の記述のように華自体が光を放ち、仏の発

図１　東大寺法華堂不空羂索観音像の光背

図２　宝相華

する光明と一体となったものであると解してよかろう。

この代表例として、東大寺法華堂不空羂索観音像の光背（図1）がある。この光背は、五重の光輪線で全体を蓮弁形に形成し、外よりの三区画は市松文様風に宝相華（図2）を配していて、光と華が一体となり、まさに『華厳経』の記述を髣髴とさせるのである。

また光背としては、特殊な形にみえる蓮弁形も、[29]『華厳経』に「光焔は輪を成じ」[30]という表現があることに理由が見出せる。『大智度論』にはより説明的に、「此の諸の光明は復た十方に至り、遍ねく六道を照し、仏事を作し已つて、還た身を遶ぐること七匝す」[31]と説く。ここには光明が身をめぐるという考えがみえるのである。まさに、法華堂本尊の光背は、光が像を廻っていることを表現しているとみられる。通常は光脚を設けて、光輪の下方を表わさないところを、本例は忠実に完形として表現していると考えられるのである。

以上のことから、天平期の光輪と宝相華からなる光背の表現は、好相の光と華を見ることに通じるイメージであると考えられてくる。[32]

〈微笑相〉

好相の「種々の異相」の一つとみられる、仏像の微笑相について述べる。

鑑真和上と密接に関わると考えてよい唐招提寺旧講堂木彫群の伝薬師如来像（図3～5）・伝衆宝王菩薩像（図6～7）・伝獅子吼菩薩像の顔立ちは、豊頬で微笑を含んでいる特徴が指摘できる。その微笑は、目は上の線が上弦となって、いくぶん目尻が切れ上がる形の目と、目の下の頬部を肉付けして頬高に表現するところから生まれている。

またこのような微笑相の顔立ちを中心として、唐招提寺の木彫群に共通する作風を示す像の広がりがみられる。滋賀・鶏足寺伝薬師如来像は、唐招提寺・伝薬師如来像の影響のもとで作られたと考えられるし、唐招提寺（旧法花院）十一面観音立像と香川・正花寺菩薩立像は、唐招提寺・伝衆宝王菩薩像の顔を中心として多くの部分が写されていることが明らかである。[33]

図3　唐招提寺伝薬師如来像

図4　側面

図5　面部

図6　唐招提寺伝衆宝王菩薩像

図7　面部

このような唐招提寺木彫群の中心イメージである微笑相が、好相と関係すると考えるところを、経典に求めてみよう。

まず伝衆宝王菩薩像・伝獅子吼王菩薩像が、不空羂索観音像と考えられていることから、『不空羂索神変真言経』を検討すると、微笑相を意味する「熙怡」（熙・怡ともに、やわらぐ・よろこぶという意）「熙怡微笑」「歓喜微笑」という表現がさかんに登場する。このことは、木彫群に見出した微笑相を裏付けてくれるものであろう。左に『不空羂索神変真言経』巻第二十五の一節を引用しておこう。

…空に住して不空羂索観世音菩薩摩訶薩を顕現して、…面目熙怡にして空中に騰り住し真言者を看て…則ち倶胝百千の光ある手を伸べて其の頂上を摩し、即ち神通を證せしめ、便ち菩薩に随つて空に昇り而して坐せしむ(34)。

ここには「熙怡」とともに、先述した好相の要素である「光」「摩頂」もみられることは注意できる。不空羂索観音が微笑して顕現し、光を伴った手で摩頂（行者の頭をなでる）すると説いているのである。このような微笑相に始まる一連の行為の記述から、微笑相も好相の要素である「種々の異相」の一つとして考えられていても不思議はないことが示唆される。

次に不空羂索観音が戒律と関係することを『不空羂索神変真言経』巻一から示しておきたい。

諸仏を観念して、常に目前に見る如くせよ。久からずして、まさに十方百千の一切の諸仏、一時に現前して、頂を摩でて讃歎してために證明をなしたまふことを得べし。或はまた夢にも覚にも好相を見ることを得む。或は諸仏変して沙門となりて、ために菩薩の増上の戒品を授けて、無量百千微塵数劫の一切の重罪を滅せしめたまふことを得む(35)。

陀羅尼を書写・受持・読誦・聴聞した功徳として、十方の一切諸仏が現前し、仏が摩頂すること、或は夢・覚ともに好相をみること、或は諸仏が沙門となりて増上の戒（菩薩戒）を授けて重罪が滅することなどが説かれている。見仏、摩頂、好相、授戒、滅罪といった要素が見られ、これまで述べてきた『梵網経』の授戒に関する要素がまとめられている感がある。以上、不空羂索観音菩薩像が、戒律との密接な関係を保持し、その要素である好相の中に微笑相が含まれていることを述べた。

　ここで少し違う角度として、鑑真和上とその周辺の人達の意識を探ることから、微笑相について迫りたい。[36]

『東征伝』[37]によると鑑真和上は、常に坐死したいと言われ（「平生常謂僧思託言、我若終亡、願坐死」）、それを実現されたようである。そしてこのことを『東征伝』の著者である思託は、千臂経を引いて「臨終に端坐して禅定に入るが如くんば、当に知るべし、此の人已に初地に入るを」と意味付けている。つまり坐死された鑑真和上は、すでに菩薩の位である初地に入っておられたことを述べているわけである。

　興味深いことに、千臂経に当たる菩提流志訳『千手千眼観世音菩薩姥陀羅尼身経』においては、以下のように微笑相を説くのである。

　若し毎日三時に菩薩の面を瞻て、此の陀羅尼一千八遍を誦せば、速に観世音菩薩の微笑相を示すを得、見已れば即ち離垢初地を證せられ、念仏三昧にして光は世間を照らさん。若し命終の時にありては禅定に入るが如く、所生の処にて宿命智を得、所有の罪障は皆な消除せられん。[38]

　千手観音の陀羅尼の功徳により、観音菩薩の微笑相にあって、その微笑をみれば菩薩の位である「離垢なる初地」[39]に入っていることが証明できるとする。そしてさらに功徳として、禅定に入るように臨終を迎えることなどを説いている。

　ここに鑑真和上の死に関しては千臂経が影響を与えていたことが確認でき、そこから鑑真和上および思託等は観音菩薩の微笑を見ることを待ち望んでいたことが知れるのである。

　このように考えたとき、鑑真和上の将来品の中に「彫白栴檀千手像一躯」[40]が含まれていることは注目される。まさに千臂経に直接関係する千手観音像であることから、この像の面相に微笑相を求め、そしてこの像の面相に微笑相を表現していた可能性が極めて高い。残念ながらこの千手観音像は失われているが、この像に表現された微笑相が伝衆宝王菩薩像をはじめとする唐招提寺木彫群に残っていると考えられるのではなかろうか。[41]

　好相を仏像の具体的表現と関連して考察してきた最後に、先引の『不空羂索神変真言経』巻一に、陀羅尼の功徳として「夢にも覚にも好相を見ることを得む」[42]とあったように、好相は夢でも得られることに注意しておきたい。

　蓑輪顕量氏[43]は、叡尊の『自誓受戒記』より、法蔵が覚めて好相を見ることの難しさを吐露し、梵網経には何も記さないが、夢における好相も許されたと指摘されている。そして、このあと叡尊は鑑真の高弟法進の注として「方等経に、見相に二相有りと説く。一には夢中に見る、二には覚悟の時に見る。倶に罪を滅することを得。[44]」という文を引用するのである。

　従って、少なくとも法進が戒和上を勤めていた奈良時代の東大寺では、夢で得た好相も認められていたと考えてよい。つまり神秘体験としての好相行が易行化されたことに伴い、その行の広まりが思われるのである。微笑相の仏像はその中心にあったと考えられよう。

四　『四分律刪繁行事鈔』における仏像

ここで視点を変えて菩薩戒から離れ、具足戒を受けた僧達が、日常活動の中で仏像をどのように考えていたのかという問題を探る手掛りとして、『四分律刪繁行事鈔』（以下『行事鈔』とする）の仏像関係記事を検討してみたい。

『行事鈔』の仏像関係記事は、造像に関係すること、仏像の供養に関係すること、仏像を用いた行事（懺法、瞻病送終）など多様な事項が見られ大変興味深い。ただここでは紙面の都合もあり、特に造像に関する記事を中心に取り上げることとしたい。

因みに『行事抄』は、初唐の道宣（五九六―六六七）が、四分律を基本として、戒律の行事を説明し、その運営を総合的に解説した書と説明される[45]。わが国でも広く用いられ、鑑真和上は道宣の南山律宗に連なる人で、来朝時には『行事鈔』を含む道宣の代表著作をほとんどもたらし、在唐時に何度も『行事鈔』を講義したことが知られている[46]。近年では鑑真和上以前から、良弁の周辺で『行事鈔』の研究がおこなわれ、天平十五年（七四三）には複数部の写経があったことが指摘されている[47]。また『日本霊異記』下巻二四縁にみるような、地方への受容の広がりもみることができる[48]。

まず「諸雑要行篇」で、僧の造仏への関わり方を示している個所からみておきたい。この篇には出家の要業を述べる一文として、「…出家の人は身戒心慧を以て本と為し、経像寺舎等を造るの業によりて次第を錯乱するを得ず、故に唯法則を指授し俗人を歓化するを得んのみ[49]」とある。僧は造寺造仏などに関わって本来の修行を乱してはならず、俗人にその法則を指導して作らすべきであるという主旨であろうが、造仏を俗人に歓化し指導するようといっていることから、僧は造仏の知識も必要であることが読み取れる。

僧と造仏との関係を示す記事は他に、安居中の受日（やむなき外出）に関して（「安居策修篇」）、『五百問』を引用して、「治生破戒にして財を得て仏を造らんに福を得るや不や。答ふ。尚ほ地獄を免れず、何に況んや福を得んをや。」とし、続けて「薩婆多に云はく、治生して仏を造らんには応に礼拝すべからず…[50]」とある。治生（じしょう）とは経済活動のことで、経済と造仏を切り離して考えていることが注目される[51]。

次に具体的な造像に関する記事の多い「僧像致敬篇」の「明造仏像塔寺法[52]」を検討しよう。最初に写経・造像の目的は、仏滅の後の未来に経像流布することで、衆生が弥勒仏の世において解脱するためであるとする。そして、最初の仏像である優塡王の釈迦像[53]について、目連が匠工を連れて三たび天に上り世尊の姿を図し取ることより仏の真容に近い像ができたとし、世尊はこの像に来世の仏事を託し、形像を造る際は一々仏に似せ、見る者が「法身の儀則」を理解するような像を造るべきであること等を命じたと記している。また道宣は、この優塡王像が鳩摩羅什によって中国にもたらされ、現在は揚州の長楽寺に祀られ、龍光瑞像[54]ともいわれることを簡略に注する。

これに続く、中国の仏像事情を含んだ記事については後述するが、その前に「僧像致敬篇」の「明造塔法[55]」中にもある造像関係記事をみておきたい。ここではまず『善生経』（『優婆塞戒経』供養三宝品）から「若し真宝なく力辨ずる能はずんば、次いで土木を以て之を造成すべし」とし、塔や仏像の用材は力にみあったものを用いればよいと説いている。また「銅像・木像・石像・泥像・金・銀・瑠璃・頗梨等の像は常に当に洗治すべし。」、「仏像を畫かん時は綵中に膠・乳・雞子を雑へざれ。」といった記述もみられる。前者は、あらゆる材質の仏像を洗仏することを勧めている。ただ中国で洗仏は盛んではなかったようで、義浄は『南海寄帰内法伝』[56]において、あまり洗仏が行なわれていないことを批判している。後者は仏画の技法に関するもので、絵具の混ぜ物に関する規定である。

この他、「応に半身の仏像を造作すべからず、若し形像にして身具足せざるあらば当に密に蔵覆して人を勧めて治せしめ、治して具足し已り、然る後に顕示すべし。毀壊せる像を見んに応に当に志心に供養恭敬して完きが如きと別なることなからしむべし。」という記事は、仏像は完全な姿とすべきで、上半身だけの像は禁止され、修理の必要な像はそれが終わってから見せるべきであることを説く。この態度は、「随戒釈相篇」に「…大論に云ふが如く、畫いて仏像を作らんが如き、一は不好なりしを以ての故に壊すに福を得、一は悪心を以て壊すに罪を得たりと。[57]」とあることにも通じよう。出来の悪い仏像を壊せば福を得ると言っているので、ここにはやはり完全な仏像が求められていると考えられるとともに、仏像の好し悪しを判断する視点を持っていることも注意できる。

そしてこの点は、道宣がよく引用する『佛説目連問戒律中五百軽重事』に「形相を問うに、仏像の犯は何事や。答ふに、一切の仏像は、好悪を問わずして形相を得ざれ。其の罪甚だ重く、必ず為すべからず[58]」と述べられているのであり、姿の好悪を検討しないで仏像を造ってはならない事を説いている。

また造像態度に関連して、「随戒釈相篇」に互用の解釈[59]の中で、本来作ろうとする釈迦を弥陀に、或は如来を菩薩に変えて造像してはならないといった注意を与えている。

このように僧と造像の基本的な関わり方、造像の目的、完全な姿の仏像を求める重要性といった興味深い記事がみられた。これらの内容はさらに検討する必要があるが、本稿ではこれ以上立ち入ることはせず、次により具体的な、中国の造像事情および道宣が理想とする仏像観を示す記事に注目したい。

五　道宣の理想仏像

「僧像致敬篇」の「明造仏像塔寺法[60]」における、当該記事を左に引用しておこう。

(a) 今人、情に随うて造りて各奇薄を生じ、本質を追はずして競うて世染に封ぜらる。所以に中国より伝へたる像にして、嶺東に在る者は並に皆風骨勁壮にして儀粛隆重に、毎に神瑞を発して世を光らし善を生ず（長干の瑞像の如きは是れ阿育王第四女の作なりと脚趺の銘に云へり。今、京師に在りて大に霊相を発せり）。漢の世に逮んで髣髴として真に入り、之を晋宋に流ふるに頗る皆実に近し。〈中略〉

(b) 今、世末に随うて人、情巧を務とす、得は福敬に在り、失は法式に在り。但尺寸の短長を問うて耳目の全具を論ぜず、〈中略〉尊像をして樹たしむと雖復威霊なからしむるを致し、菩薩の立形は譬へば婬女の像に類し、金剛の顕貌は等しく妬婦の儀に逾えんや。

＊（　）内は割書き

引用文は、前節で紹介した優塡王像の話に続く文である。まず後段（b）で、道宣の同時代の造像を具体的に批判していることに目を向けたい。道宣は、今は「世末」で私情や技巧が優先され、仏像は寸法ばかりを気にして、「耳目の全具」を論じないとする。この「耳目の全具」は、仏の特徴である三十二相を意味すると考えれば、真の仏の容姿を作っていないことを意味しよう。そして、そのようにして作られた「尊像」（如来像か）には威霊がなく、菩薩の立ち姿は淫女のようで、金剛（神将形像）の（忿怒の）顔は妬み深い女のようであると、手厳しい批判をする。

ここでこの批判を念頭において、唐代七世紀前半の仏像を見渡してみるとき、道宣の仏像批判の対象ではないかと思わせる像が見出せる。その一例は、玄奘将来の経典を安置するために永徽三年（六五二）に建てられた、西安・大雁塔にある「大唐三蔵聖教序碑」碑冠下の七尊像（図８）がそれである。

図８はその右半分で、如来倚像・比丘像・菩薩像・神将像があらわされている。このうちまず目を引くのは、三番目の菩薩像で、腰を大きく捻って体をくねらせている。このような女身を思わせる表現が、道宣の「淫女」という過激な批判を導いたのではなかろうか。また神将像も大きく腰を捻るが、その顔は丸顔で、やはり道宣が批判する女性的な感覚が見出せる。そして如来像では、比較的体躯が細身となっている[61]点に、道宣は物足りなさを感じたと思われる。

もう一例、少し時代は降るが龍門石窟清明寺洞窟の門側壁に表された、儀鳳三年（六七八）の双観音像をあげておきたい。この菩薩

図８　大雁塔　大唐三蔵聖教序碑 部分

像は、聖教序碑の菩薩像よりしなやかさが増し、体をくねらす仕草は、さらに女性性が強く感じられるようになっている。

聖教序碑の七仏像の美術史的な位置づけを岡田健氏[62]に従えば、ここに長安の初唐様式を見出される。これは碑の由来から考えられる、玄奘のもたらしたインド様ではなく、如来の着衣法は北魏以来のもので、丸い頭部に大きな目鼻を配する相貌表現や、体躯のやや幼児的とも言える表現は、北周以来の造像伝統を早い速度で発展させたものであるとされている。

この指摘からすれば、前代の彫刻を急速に展開させている初唐長安造仏界の動きが、道宣の理想とする仏像ではなかったと解釈することもできよう。

では、道宣はどのような仏像を理想としていたのかというと、引

用前段（ａ）から、インドより中国（嶺東）に伝来して霊験を示している、晋宋までの仏像であったことが分かる。道宣は、その具体例として注により、阿育王第四女の作という長干寺の瑞像をあげている。またこの例には、先に述べている優填王像の系譜を引く長楽寺像なども含まれることは、一連の文意から首肯できよう。

　ところで道宣は、これらの像の姿は、みな「風骨勁壮」「儀粛隆重」と表現していることも重要である。前句は体格が大きく立派であり、後句はその姿に極めて威厳が備わっていることを意味しようが、特に前句の「勁」に関して、元照[63]（一〇四八～一一一六）の『四分律行事鈔資持記』は「風骨勁壮言其體貌、勁即直也」と解釈していることに留意しておきたい。

　このような道宣の理想仏のうち、長干寺瑞像を具体的に想像させてくれると思われるのは、四川省成都出土の阿育王像[64]（図９）であろう。一九九五年出土のこの石像は、太清五年（五五一）と「敬造育王像」を含む銘から、梁代に阿育王像が作られていた事を示す貴重な例である。肉髻の髪を地髪から結上げたように表し、鬚をたくわえ、同心円状の衣文を刻んだ大衣を通肩に着した姿は、インド色の濃いもので、この像が阿育王像と呼ばれることを納得させる。

　ただし、この像の作風が直接的に「風骨勁壮」「儀粛隆重」に当てはまるかというと、不安を感じざるを得ない。本像の源流にも想定されるインド・グプタ期のマトゥラー仏立像（ジャマールプル出土　図10）などを見ると、両肩が広くかつ肉付きが豊で、胸が隆起して胴を絞り、下半身のよく伸びた雄偉な体躯を表している。まさに「風骨勁壮」「儀粛隆重」という表現に当てはまるように思われ、このような作例に近い像が中国に存在したのではないかと推測する[65]

図９　四川省成都出土　阿育王像

図10　インド・マトゥラー博物館　仏陀像

図11　清凉寺釈迦如来像

からである。成都出土像は、この雄偉な体躯がかなり矮小化されたものだと言わねばならない。その意味で、本像は道宣の理想とした仏像の系譜を引く像という位置付けになろう。

優塡王像の例にも触れておきたい。阿育王像より複雑な問題[66]があるものの、長楽寺瑞像の系譜を引く像として、奝然が雍熙二年（九八五）に台州で造立させ、寛和三年（九八七）にわが国に将来した清凉寺釈迦如来像（図11）があることは認められるであろう。清凉寺像が長楽寺瑞像と結びつくのは、奝然の入宋に同行した弟子盛算が、雍熙二年（九八五）に現地で書写した十明の[67]『優塡王所造栴檀釈迦瑞像歴記』の後記による。これによると、奝然一行は揚州開元寺に瑞像を礼拝に行くが、当時瑞像は汴京にあった宮廷の滋福殿に安置されていることを知り、汴京に行って瑞像を礼拝する。その後、清凉寺像の納入文書である「奝然入宋求法巡礼行並瑞像造立記」によると、奝然は台州で「様」（図様）により瑞像を模刻するのであるから、この「様」は長楽寺瑞像に基づいたものであったに違いない。勿論清凉寺像は、宋代の中国的な作風を見せるものではあるが、特に縄状の頭髪や、成都出土像と共通する襟を詰め同心円状の衣文をあらわす着衣は、通常の如来表現にはない特殊なもので、インド伝来の像であることの指標となっている。しかし、作風面で道宣の理想に叶う「風骨勁壮」「儀粛隆重」を十分に伝えているかは、清凉寺像においても成都出土像と同様なことが言えよう。

このように、道宣が理想とした仏像の系譜に、作風上の変質はあるものの、成都出土の阿育王像や清凉寺釈迦如来像を指摘した[68]。ではこの二例の中に、「風骨勁壮」「儀粛隆重」の要素は全く見られないのであろうか。

ここで先述した『四分律行事鈔資持記』（十一～十二世紀）が「勁即直也」と解釈していたことを喚起したい。この解釈は、威厳を表出するための直立性を指摘しているわけだが、『資持記』をほぼ一世紀遡って造られている清凉寺像においても、この直立性が顕著に見られる。清凉寺像は硬直しているとさえ見えるように、人体的写実を犠牲にしてまでも、直立性が仏の威厳を表す大きな要素になっている。そして、更に遡って成都出土像においても直立性は見出せるし、インド・マトゥラーのグプタ期の如来立像でも直立性が認められる。清凉寺像から成都出土像そしてグプタ期の像までを通して、体躯は両足を開いて直立して正面性を強調した、威風堂々たる姿を表出しようとする意識が通貫しているのである。

以上、道宣の理想とした「風骨勁壮」「儀粛隆重」という仏の姿には、それを表出するために、明瞭で本質的な造形要素として、直立性が備わっていることを、阿育王像や優塡王像の姿を伝える梁代および宋代の作例から見出した。

むすび

本稿を閉じるに当たって、最後にもう一度これまでに得た視点から、唐招提寺木彫群の作風を見てみたい。

唐招提寺諸像（図3～7）は、如来・菩薩像共に全体から威厳とゆるぎない存在感が感じられる。それは体躯の量感と共に、直立性にも負うところがあることに気づかされる。その直立性は、正面においてだけではなく、側面においても見られる。ただ薬師如来像や伝獅子吼王菩薩像・伝衆宝王菩薩像は、体躯を直立させるにもかかわらず、各部の肉付けによって生気が与えられているが、十一面観音菩薩像は直立するがゆえに硬直感が生じているという違いがある。(69)

このような唐招提寺木彫群の作風は、「風骨勁壮」「儀粛隆重」という表現を感じさせるものではなかろうか。この木彫群を造らせたと考えられる鑑真和上は、既述のように何度も『行事鈔』を講義していることからも、和上は「風骨勁壮」「儀粛隆重」の句を心に留めて、造仏を指揮していた可能性が考えられるのである。

以上、戒律文化の中で仏像がどのように関わり捉えられているのかを検討してきた。その結果、最初に、大乗戒の受戒には仏像が必要とされること、また大乗戒の授戒に際して求められる好相の諸要素は、微笑する仏像の表情・光背の華と光輪線の表現に反映していると考えられることを述べた。次に、戒律生活の指南書である『行事鈔』には、特に僧の造仏への基本的な関わり方、完全な姿の仏像を祀る必要性などが指摘されていることを述べ、道宣の理想とした仏像とその影響の及んだ作例を想定したのである。しかし『行事鈔』に関しては、その一部を紹介したに過ぎず、本稿で検討した記事以外も、それらがどのように受容されていたかを検証していく必要があろう。

（いのうえ　かずとし・同志社大学教授）

註

（1）かつて私は、仏像と戒律の関係を「唐招提寺木彫群の宗教的機能について」（『仏教芸術』二六一、二〇〇二）において捉えようとした。本稿は、この旧稿に基づく所が大きいが、旧稿が唐招提寺・鑑真に焦点を当てたものであったのに対し、より広く小乗戒を含んだ視点を取り入れようと試みている。近年、真田尊光「唐招提寺創建当初の戒壇と現金堂毘盧舎那仏像について」（『南都仏教』八七、二〇〇六）が発表され、盧舎那仏像と戒律の関係が考究され、戒律と仏像の関係が広がりをみせている。また、上代四天王像に六斎日の持戒などを観察する役割があったとする、長岡龍作「仏像の意味と上代の世界観」（『講座日本美術史3図像の意味』東京大学出版会二〇〇五）などもあげられる。

（2）大正蔵三〇―五六八a、本地分中菩薩地第十五第三持究竟瑜伽處建立品第五の一。なお訓読文は『国訳一切経　瑜伽部三』二六二頁を参照。

（3）大乗戒については、沖本克己「戒律と清規」（『岩波講座東洋思想十二巻　東アジアの仏教』一九八八）、及び『岩波仏教辞典　第二版』（二〇〇二）「大乗戒」「菩薩戒」の項、等を参照

（4）大正蔵三〇―五一四b。訓読文は『国訳一切経　瑜伽部三』七七〜七八頁を参照。

（5）大正蔵三〇―五二一b。訓読文は『国訳一切経　瑜伽部三』九九頁を参照。

（6）山部能宣氏は、瑜伽系においても神秘的な体験（好相に通じる）が要求されていたことを指摘されている。「『梵網経』における好相行の研究―特に禅観経典との関連に着目して―」（『北朝隋唐中国仏教思想史』荒牧典俊編著、法藏館、二〇〇〇）

（7）石田瑞麿『仏典講座一四　梵網経』（大蔵出版　一九七一）一八六〜一九〇　大正蔵二四、一〇〇六c。

（8）同「若現前先受菩薩戒法師前受戒時、不須要見好相」

（9）石田註（7）二三八頁。大正蔵二四―一〇〇八c。

（10）石田註（7）二四一頁。

（11）また法蔵は『梵網経菩薩戒本疏』（国訳二七四頁）において、曇無讖は法進が仏像の前で苦節して戒を求めた結果、夢で弥勒により受戒した話しを引用している。ここからも法蔵は仏像を用いることを念頭においていたと言えるであろう。

（12）佐藤達玄「梵網経における新学菩薩の戒律」（『駒澤大学仏教学部研究紀要』四一、一九八三）。

（13）十八種物は『梵網経』第三十七軽戒に説かれている。石田註（7）二二一頁、大正蔵二四―一〇〇八a。

（14）石田註（7）二二一頁　大正蔵二四―一〇〇八a。尚、布薩に関しては拙稿・註（1）の第六章（二八―二九）をご参照いただきたい。

（15）法進の『東大寺受戒方軌』には大乗布薩作法が述べられ「戒師云、我当誦、即立至仏前、敷座倶三礼…」とある。

(16) 註(4)

(17) 石田註(7)二三九頁の注釈に、「若到礼三世千仏」には異本に「苦到」（ねんごろに）とするものがあることが述べられている。尚、法蔵『梵網経菩薩戒本疏』に二十三軽戒の「於仏菩薩像前」を「謂はく如在の想を表すなり」としていることも注目できる。

(18) 大正蔵四〇―五六七c。『国訳一切経 律疏部二』、一九六頁。

(19) 註(6)

(20) 山田明爾「観仏三昧と三十二相―大乗実践道成立の周辺―」（『仏教学研究』二四、一九六七）。山田氏は観仏の方法に諸段階を指摘され、一仏から二仏・三仏と増やして遂には十方諸仏をみる方法を紹介されている。

(21) 久野美樹「中国初期石窟と観仏三昧―麦積山石窟を中心として―」（『仏教芸術』一七六、一九八八）

(22) 註(9)

(23) 註(20)

(24) 拙稿「聖林寺十一面観音像の台座・光背」（『日本上代における仏像の荘厳』科学研究費補助金研究成果報告書、代表奈良国立博物館長鷲塚泰光、二〇〇三）

(25) 拙稿・註(1)

(26) 本文中に述べた、『華厳経』の各項目は次の通り。

・巻六　（前略）面門の衆歯の間に於て仏刹微塵数の光明を放ちたまふ。謂ゆる、衆の宝華遍く照す光明、種々の音を出して法界を荘厳する光明、…（大正蔵一〇―二六b）

　因みに『梵網経』でも、「仏即ち口より無量の光明を放ちたまふ」という表現がある。

・巻八　宝華旋布して光明を放ち（大正蔵一〇―四〇b）

・巻八　（前略）種々なる堅固の荘厳海に、光雲垂布して十方に満つ、諸の摩尼の中の菩薩雲は、普く十方に詣りて光熾然たり、光焔は輪を成じ妙華をもつて飾り、法界に周流して遍からざることなし（大正蔵一〇―三九b）

(27) 池田久美子「聖林寺十一面観音立像光背残欠の復原」（『仏教芸術』九九、一九七四）

(28) 光輪という用語は『奈良六大寺大観第十巻　東大寺二』「不空羂索観音菩薩立像　法華堂所在」で水野敬三郎氏が使われている。

(29) 拙稿・註(24)で、東大寺に伝わる天平期の光背三例、法華堂本尊の光背、二月堂本尊光背断片、法華堂本尊宝冠化仏の光背について、光輪線は五重、三重、二重と、光輪線の数によって光背の大きさが順に変化しているという関係性を見出し、またこの三例の身光下端の処理について、二月堂や宝冠化仏光背の光輪左右下端をそのまま伸ばして収束を完結させれば、法華堂本尊光背の蓮弁形となるから、この形が完全形で他はその便法と考えられていたのではないかと推察した。

(30) 註(26)

(31) 大正蔵二五―三〇七a　此諸光明復至十方遍照六道、作仏事已還繞七匝、若記地獄光従足下入、若記畜生光従　入、若記餓鬼光従髀入、若記人道光従臍入、若記天道光従胸入、若記聲聞光従口入、若記辟支仏光従眉間相入、若得仏光従頂入

　また、『大智度論』巻七には「足下の千輻相輪の中より六百萬億の光明を放つ」（大正蔵二五―一一三a）という経文を示し、「仏は何を以ての故に、先ず身光を放ちたまふや」という問いを設定している。つまり、身光は足下から出る光明からはじまることが窺えるのであり、足下の光が意識されていたことがわかる。

(32) 拙稿・註(24)で論じたように、天平期の光背には、宝相華と光の関係を思わせるものが多い。法華堂本尊化仏の光背、聖林寺十一面観音像の光背、二月堂本尊の光背、法隆寺の光背断片などで、光輪と宝相華で構成されている。また、このような考えは宝冠化仏光背を埋める植物系文様にも当てはまるものであろうことは想像に難くない。

　尚、発表後に法華堂の天蓋について同様に考えられるのではないかという後指摘をいただいたことに感謝したい。この他、宝相華は天蓋や供物器などにも使われているが、本文中で述べたのと同様な華に対する意識から構成されていると考えられる。

　因みに、唐招提寺本尊の光背は、多くの化仏を付けているが、この表現に関して第一に思うべきは、梵網経巻下の序における「光光皆無量の仏と化して」と記すことである。

　次に、『大方等陀羅尼経』（大正蔵二一―六四八c）に「…爾の時、世尊、諸天子に記を授く。時に大光明を放ち、普ねく十方界の大小の鉄囲山を照らす。爾の時、大小の鉄囲山の間の、所有る餓鬼、阿修羅等の無量億千、此の光明を見る。一一の光頭に、各おの化仏有り。時に諸化仏、諸餓鬼に呼ぶに…」とあることも、光が化仏となる考え方を示している。

そしてこの件は、二月堂光背裏面の情景を思い起こさせるものでもある。

(33) 拙稿・註(1)

(34) 大正蔵二〇—三六五bc。『国訳秘密儀軌』巻第十四・巻第十五・巻第十六

(35) 大正蔵二〇—二二八a。

(36) 拙稿「鑑真和上像をめぐって」(『文化史学』五五、平成十一年十一月)の考察を基礎としているため、こちらも御参照いただきたい。

(37) 『寧楽遺文』下巻九〇七。

(38) 大正蔵二〇—九八a。尚、千臂経は智通訳『千眼千臂観世音菩薩陀羅尼神呪経』或は菩提流志訳『千手千眼観世音菩薩姥陀羅尼身経』が相当する可能性があるが、『東征伝』にみえる「初地」という語を「離垢初地」として含む後者が相当することを拙稿・註(1)で述べている。

(39) 「離垢初地」の読みは、小林円照先生より御教示いただいた。

(40) 『寧楽遺文』下巻九〇五。本文で述べたように、鑑真和上と千手観音の関係は深いものがある。これに関係して、松田誠一郎「光明皇太后不余と唐招提寺木彫群」(『仏教芸術』一五八、昭和六〇年一月)は、伝衆宝王菩薩像の三目六臂は、千手観音の可能性も説かれており、それを山岸公基「千手観音像に関する二、三の問題」(『シルクロード学研究十一 観音菩薩像の成立と展開』シルクロード学研究センター 平成十三年三月)で中国四川省の石仏の例から可能性を再論されている。伝衆宝王菩薩像が千手観音像であることは否定できないが、本稿では鹿皮と思われるものを掛けている点から従来説である不空羂索観音として扱った。ただし、仮に千手観音像であったとしても、要旨に変更の無いことは、本文脈より読み取っていただけるものと思う。

(41) 唐招提寺木彫群にみられる微笑相は、観音経典に見出せることで跡付けられたが、微笑は仏が何かを了解したサインであるので、これが如来像に及んでいても不思議ではない。

そして、微笑相が、好相にも通じて捉えられることは、『不空羂索神変真言経』巻二五・一註(34)(35)の記述や、『千手千眼観世菩薩音姥陀羅尼身経』註(38)の微笑相の功徳の一つに、好相と同じ効果である滅罪をあげることからも言えることであろう。

(42) 大正蔵二〇—二二八a。『国訳秘密儀軌』巻第十四・巻第十五・巻第十六。

(43) 蓑輪顕量「夢と好相と懺悔」(『中世初期 南都戒律復興の研究』第七章、法藏館、一九九九)

(44) 叡尊『自誓受戒記』「自誓受は必ず好相を用う。…法蔵云わく、好相を見る中に、既に夢に見ると言わざるも、覚めて見ることは甚だ難し。法進の注に云わく、方等経に、見相に二相有りと説く。一には夢中に見る、二には覚悟の時に見る。倶に罪を滅することを得。」

(45) 『岩波仏教辞典』第二版、二〇〇二。尚、藤善眞澄『道宣伝の研究』第四章「中年期の道宣—遊方と二・三の著作—」(京都大学学術出版会、二〇〇二)によると、『行事鈔』の成立は、貞観三—四年(六二九—三〇)で、貞観一〇年(六三六)に補訂(重修)される。

(46) 石田瑞麿『鑑真—その戒律思想—』(大蔵出版、一九七四)第四章は東征伝に「およそ前後に大律幷に疏を講ずること四十遍、律抄を講ずること七十遍、軽重儀を講ずること十遍、羯磨疏を講ずること十遍」とあるのを、律抄は『行事鈔』であり、軽重儀も道宣の書で、道宣の著を講ずることが圧倒的に多かったとされ、さらに将来の律書においても定賓と道宣の代表著述がほとんどもたらされているとされている。

また同書第一章では、『行事鈔』のわが国への伝来は鑑真以前に遡り、凝然の『三国仏法伝通縁起』によると、天武天皇の勅命で道光がもたらしたという。その後、奈良時代の道融が法華堂で講説したといい、また智憬は各地で講説したとする。そして道璿は、大安寺で講説している。

(47) 杉本一樹「聖語蔵経巻『四分律』について」(『正倉院紀要』二九、二〇〇七)によると、天平十五年(七四三)は『行事鈔』の復数部の写経が企てられた年で、この事業は、常写・間写を横断する形で、やや複雑な課程を経て進められた事を指摘される。この写経に関しては、大平聡「皇太子阿倍の写経発願」(千葉史学一〇、一九八七)が天平十五年は国家仏教の総仕上げとしての大仏造立詔が発せられた年で、天皇・皇后・皇太子が先頭に立って自らを戒律にかなった存在たらしめるために書写したと解されている。

また杉本氏は、安寛は良弁のもとで、律について精力的な研鑽を積んでいたことが指摘され、天平十五年十二月四日の五月一日経の帳簿には、安寛が写経所に『行事鈔』を貸出していることがみえることを指摘されている。

(48) 本説話に関しては、拙稿「湖北の古代彫像—鶏足寺伝薬師如来像を中心に—」(『鶏足寺調査報告』木之本町教育委員会 平成十三年三月)で、

検討を行っている。

(49) 大正蔵四〇―一四七b。『国訳一切経 律疏部二』、四七一頁。続いて「俗人は金石木牙角布帛を以して仏像を作り、道人は五分法身を修し、三仏の行を学するを名づけて造像と為す」と述べている。

(50) 大正蔵四〇―四〇c。『国訳一切経 律疏部二』、三六頁。注また「随戒釈相篇」にも同様な記事がある（七二a）

(51) 大正蔵四〇―四〇c。これに続いて、「若しは自ら他の雇を受けて像を畫造し、経を写し、及び自ら仏像を経営し、或は俗人の為にし、縦ひ僧家の仏事の為なりとも非法に乞求せんに、並に是れ邪命破戒にして成ぜず、罪を得ん。」とある。

(52) 大正蔵四〇―一三三b～c。『国訳一切経 律疏部二』、四二四～四二五頁。

(53) 優塡王釈迦像の文献的考察は高田修『仏像の起源』（岩波書店、一九六七）第一章に詳しい。また肥田路美「初唐時代における優塡王像―玄奘の釈迦像請来とその受容の一相―」（『美術史』一二〇、一九八六）、稲本泰生「優塡王像東傳考―中国初唐期を中心に―」（『東方學方 京都』六九、一九九七）は、中国での伝承の展開を詳細に論じる。

(54) 稲本前掲論文では長楽寺像についても考察している。

(55) 大正蔵四〇―一三四a～b。『国訳一切経 律疏部二』、四二五～四二七頁。

(56) 宮林昭彦・加藤栄司訳『現代語訳 南海寄帰内法伝』（法藏館、二〇〇四）巻第四、第三十一章 参照。

(57) 大正蔵四〇―五七b。『国訳一切経 律疏部一』、一八〇頁。

(58) 大正蔵二四―九七三b「問形相仏像犯何事、答一切仏像、不問好悪不得形相、其罪甚重必不可為」

(59) 大正蔵四〇―五六c。

(60) 大正蔵四〇―一三三b～c。『国訳一切経 律疏部二』、四二四～四二五頁。

(61) 本文で後述するように、道宣の理想としたと考えられるグプタ期の如来立像の威風堂々した体躯と比べると、大雁塔の中央の如来像の体躯は細身となっている。道宣が尊像（如来）に「威霊」が無いとするのは、このような点を指しているのではなかろうか。

(62) 岡田健「長安初唐造像の展望」（『仏教芸術』一七七、一九八八）。久野美樹（『中国の仏教美術』東信堂、一九九九）は、肉感的な表現がみられるところもあるから、玄奘がもたらしたインド美術との関係も考慮に入れてよいかもしれないとする。

(63) 大正蔵四〇―三九七c。元照の生没年については、鎌田茂雄篇『中国仏教史辞典』（東京堂出版、一九八一）参照。

(64) 本像に関しては、曽布川寛「龍門石窟における唐代造像の研究」（『東方学報 京都』六〇、一九八八）、『世界美術大全集 東洋篇 第三巻』（小学館、二〇〇〇）、小谷仲男「四川省成都出土の阿育王像」（『史跡と美術』七一三、二〇〇一）、金子典正「中国四川省出土阿育王像に関する調査研究―阿育王像説話の成立と南北朝時代の造像を中心に―」（『鹿島美術研究 年報別冊』二〇、二〇〇三）、濱田瑞美「中国初唐時代の洛陽周辺における優塡王像について」（『仏教芸術』二八七、二〇〇六）等を参照。

(65) また引用文中に晋宋時代までの仏像とあることは、この時代にはグプタ仏により近い道宣の理想とした作風の像が存在したということになろう。その具体例として、窟内に建弘五年（四二四）銘の墨書がある、炳霊寺石窟第一六九窟の仏立像があげられる。

(66) 肥田論文註(52)、稲本論文註(52)および濱田論文註(63)等を参照。

優塡王像の系譜を引く像にはいく種類かあるようだが、七世紀後半の龍門石窟・鞏県石窟等の洛陽周辺に表れ、造像銘記に優塡王像とある作例がある。その姿は特徴的で、肉髻は低く螺髪を表さず、右肩を露わにして偏袒右肩に大衣を着し、倚坐する。殊に顕慶五年（六六〇）年銘の鞏県石窟の優塡王像は、肩から胸の肉付きが豊で、胴を絞った体躯は、先に述べたグプタ期の仏像に通じるものであることは注意されよう。道宣がこのような優塡王像を見て、それを念頭に置きながら『行事鈔』の記事を書いたかという問題は残るが、『行事鈔』に見える晋宋までという理想の時代性と、長楽寺瑞像を挙げている関係から、当該記事にはこの優塡王像は反映されていないと考えておきたい。

(67) 『大日本仏教全書 遊方伝叢書二』。また清涼寺像に関しては、塚本善隆「清凉寺釈迦像封蔵の東大寺奝然の手印立誓書」（『仏教文化研究』三、一九五四、後『塚本善隆著作集 第七巻 浄土宗史・美術篇』〈大東出版社、一九七五〉所収）、『日本彫刻史基礎史料集成 平安時代 造像銘記篇一』（中央公論美術出版社、一九六六）、『古寺巡礼京都 清凉寺』（淡交社、一九七八）、長岡龍作「清凉寺釈迦如来立像」（『世界美術大全集 東洋篇 第五巻』〈小学館、一九九八〉）等を参照。

（68）これらより道宣は、頭部や服制に顕著なインド色の濃い仏像のみを理想としていたかというと、そうではあるまい。それはこれらの像の形容が、頭部や服制に全く触れずに、「風骨勁壮」「儀粛隆重」としていることにも見出せるし、同時代仏像批判においても表情や体躯の女性的な表現が威厳を損ねていることを指摘するのである。よって、仏としての威厳を示す表現を備えた仏像であれば、必ずしも先のインド的特徴を備えていなくともよかったと考えられるのではなかろうか。道宣はともあれ、少なくとも『行事鈔』を学習した僧達が、このように考えていた事は、中国における造像がしめしていよう。

（69）十一面観音像のこのような表現は、これまで檀像の影響によると考えられてきたが、その檀像の表現にも直立性を重視した考えが及んでいたと考えることができよう。

図の出典

図1　『日本上代における仏像の荘厳』（註24）
図2　『奈良六大寺大観　第十巻』
図3～4・6～7　奈良国立博物館
図5　『特別展　仏像　一木にこめられた祈り』（東京国立博物館）
図8　久野美樹『中国の仏教美術』
図9　『世界美術全集　東洋編3』
図10　『世界美術全集　東洋編13』
図11　『世界美術全集　東洋編5』

鎌倉後期の東大寺戒壇院とその周辺

稲葉伸道

はじめに

治承四年の南都焼亡によって東大寺の伽藍のほとんどは焼失した。奈良時代以来の戒壇院も灰燼に帰し、戒壇院は大きな転機を迎えることとなる。この報告では戒壇院復興の概要を確認し、中世の戒壇院がどのような律宗寺院であったかを明らかにしたい。

歴史学が律宗・律僧に注目する契機は、一九七四年に網野善彦が鎌倉後期の鎌倉幕府（北条得宗家）と西大寺流律僧との関係に注目したことや[1]、一九七五年に黒田俊雄が顕密体制論を展開し、そのなかで中世律宗を改革派と位置づけたことにあると思われるが[2]、それらに触発された松尾剛次、大石雅章、細川涼一らの研究が中世非人研究と連動して、一九八〇年代以降、叡尊・忍性の西大寺流律宗を中心として続々と発表され[3]、中世律宗・律僧の研究は格段に深化したことは周知のことである。現段階で歴史学の立場からの中世律宗研究の到達点をおおざっぱに整理するならば、第一に、中世律宗の戒律復興運動の担い手や活動の拠点が詳細に解明されたことを挙げることができる。西大寺、極楽寺、唐招提寺だけでなく、竹林寺、大安寺、般若寺、喜光寺、興福寺の唐院・新坊、遍照心院、などを拠点とした律僧の活動が紹介され、それらの相互ネットワークも明らかにされてきた。これまで注目されてきた叡尊、忍性、覚盛だけでなく、有厳、真空、円照、凝然、円観などの律僧の活動が詳細に解明されてきたのである。

第二に律僧の社会的活動として①勧進②葬送と非人施行③鎌倉幕府との関係下における関東祈祷寺の設立を解明してきたことが挙げられる。

①勧進活動の担い手である勧進聖の特徴は、東大寺再建事業を担当した俊乗房重源が醍醐寺僧であり、その後遁世して「南無阿弥陀仏」と自称する聖となったことに見るように、「官僧」を離脱した「遁世僧」であることであった。叡尊らの新義の律僧も遁世僧の範疇に入るものである。律僧の勧進聖としての一面は、網野善彦が早く指摘していたが、松尾剛次は東大寺・興福寺・法隆寺・東寺などの事

例を挙げて鎌倉末期から南北朝期に現れる現象であることを指摘し、安田次郎は鎌倉後期から南北朝期の興福寺造営体制に組み込まれた律家寺院である興福寺唐院・新坊、大安寺・西大寺について指摘した[4]。何故、律僧が勧進活動をしたのか、その理由について網野は律僧の「無縁性」に求め、松尾は律僧の戒律に従う「廉直性」「公平性」に求めている[5]。

②叡尊・忍性など西大寺流の律僧が非人施行を行ったことはよく知られた事実である。細川涼一は斎戒衆（八斎戒）という葬送に従事した下級の律僧の存在を明らかにした。ともに穢れと関わる点に共通点を見いだすことができよう。斎戒衆は大和国棟別銭徴収にも携わっていたことが知られている[6]。

③西大寺系の律宗寺院が鎌倉末期には関東祈祷所となり、西大寺・極楽寺の末寺となったこと、鎌倉幕府の国分寺興隆政策にともない、国分寺の復興に律僧が携わっていったこと、得宗御内人安東蓮聖が律宗寺院である和泉国久米田寺と深く関わり、海上交通路、港湾整備を通じて、幕府、とりわけ北条氏得宗権力と西大寺系律僧との深い結びつきについては湯之上隆、追塩千尋などがすでに指摘しているところである[7]。

以上、たいへんおおざっぱな整理であるが、歴史学における中世律宗研究のおよその到達点を提示した[8]。

次に、本報告の直接の対象である戒壇院研究の現状はどうであろうか。中世律宗研究が叡尊・忍性の西大寺流律宗研究が中心であったことにより、それとは別系統の律宗寺院である戒壇院の研究は少ない。東大寺編『東大寺戒壇院』が一九四四年に清閑舎から出版され、筒井英俊の「戒壇院に就いて」、田中喜作の「戒壇院の隆替と其什物」が収録された。前者はもっぱら古代の戒壇院創建時を扱い、後者は戒壇院安置の仏像や画像の解説が主であり、中世以後の戒壇院の歴史は伽藍の回録と再興の歴史を簡略に述べているにすぎない。

戦後に至っても戒壇院研究は活発であったとはいえない。研究の対象は戒壇院初代長老である実相上人円照と二代示観国師凝然に限られたと言っても過言ではない。円照については凝然による伝記『東大寺円照上人行状』が翻刻され、堀池春峰によって解説が加えられた[9]。また、古田紹欽によって円爾弁円と円照の関係が考察されるなかで、円照およびその周辺の僧の活動が明らかにされ、円照の立場が真言密教を中心とする「総合仏教」であると指摘した[10]。凝然については大屋徳城以下の伝記的研究と、その膨大な著述物と教学に関する研究があり、律僧としてよりも華厳宗僧としての立場が明らかにされてきた[11]。以上のような戒壇院初代円照、二代凝然の伝記、著述物を分析した研究状況にあって、東大寺大勧進職の側面から戒壇院長老とその下にあった油倉・楞伽院について究明したのが永村眞の研究であった[12]。これによって戒壇院の中世東大寺での位置づけが明確になったと言えよう。また、最近、横内祐人は東大寺図書館所蔵「東大寺戒壇院年中行事」を史料紹介し、室町期における戒壇院の様相を示す貴重な事実を発掘した[13]。本報告では中世東大寺再興以後の戒壇院が先に示した律宗寺院共通の性格をどのように持っているのか、西大寺流律宗とはどのような点で異なり、独自性を持っているのかをできる限り明らかにしたいと考える。

一　戒壇院の復興

治承四年（一一八四）の東大寺回録後の戒壇院復興の経過をまず確認しておきたい。

正和四年（一三一六）九月二十七日の「戒壇院定置」（「凝然置文」）は、七十七歳の凝然が戒壇院の由来を述べ、戒壇院を弟子禅爾の一期管領の後は実円に譲ることを定め置いたものである[14]。その由来によれば、重源上人が壇上堂、栄西僧正が中門と四面回廊、荘厳房法印行勇が西迎上人蓮実の勧めによって講堂と東西回廊を建立し、西迎上人は賢順和上に勧めて北僧房二十三間を建立させ[15]、東僧房五間を建立した。ついで、実相上人円照が西僧房五間・鐘楼・千手堂・食堂・僧倉を建立し、ここに「戒壇一院営」が完了したという。この記述で注目すべき点は西迎上人蓮実が戒壇院再興にあたって重要な位置を占めていることである。凝然が正安四年（一三〇二）に記述した『東大寺円照上人行状』にはさらに詳しくこの蓮実の活動が記されているが、元亨四年（一三二四）に円照の実弟賢俊の後家妙円と子息らが戒壇院に伊賀国黒田新荘の田地十四町を寄進した寄進状にも「西迎上人歎此事、唱知識勧貴賤、修造数十間僧坊、召請実相上人故法眼舎兄也、為長老」とあって、僧房造営だけでなく、円照を招請したことも記している[16]。これによって凝然の記した置文および『東大寺円照上人行状』とは別の史料で凝然の記述が事実として確認できる。

蓮実が東大寺灯油聖の始祖とされ、「東大寺石壇勧進聖」と称されたことは、永村眞がすでに明らかにしているが[17]、灯油聖が自らを「斎戒」と称していたことは注意しておく必要がある。

円照

さて、『戒壇院住持次第』[18]に「中興第一実相円照上人」とされる円照については『東大寺円照上人行状』が詳しい。凝然による事蹟と評価をみておこう。円照は土佐房良寛という東大寺僧であったが、二十一歳のとき遁世して実相房悲願のちに円照と改名した。諸寺を遍歴したのち白毫寺の良遍の許に入る。良遍にしたがって竹林寺に赴き、その後、母の住む法花寺に隣接する海龍王寺に移った。円照は海龍王寺の証学や西大寺の叡尊から律部を学び、「菩薩戒宗究達巨細」したという。建長二年（一二五〇）西迎上人蓮実によって海龍王寺から招請され、律院としての戒壇院の初代長老となった。このとき、海龍王寺からは禅心・円空・道本・実教・禅願らも移住した。以後、円照は二十七年にわたって長老の地位にあった。

円照は律僧であるが、その学問と信仰は兼学兼修にあるといってよい。「照公一期所学、諸宗法門一身所持、涯限難則」との評価は、「凝然置文」では「円照上人者、三論・法相・倶舎・律宗・浄土・禅法・華厳・真言、諳練極多、無不該通」と記している。その兼学兼修の姿勢は、東福寺の円爾辨円の許を訪れたことにも現れているが、晩年を京都の金山院で過ごし灌頂を行ったりしたことや、戒壇院において七年の間、昼夜阿字観を修練したことに現れているように、諸宗の根本に真言宗を置いていたようである。「諸宗之中、義理深奥、証悟速疾、无過真言」との凝然の記述は円照の信仰を的確に見抜いたものといえよう。円照は戒壇院長老という律僧であったが、諸宗兼学の立場にありながら真言宗を重視していたことに注意しておく必要がある。「修練真言、講敷戒律」「開敷律部、弘通密教」という戒律と真言密教は円照のなかで矛盾するものではなかった。

　円照は正嘉二年（一二五八）十月八日に東大寺大勧進職に補任された。[19] 以後、文永七年（一二七〇）に辞すまで、「三面小子房之内二面半、二月堂・法華堂拝殿、戒壇西室七間、鐘楼、千手堂、又惣寺処々修理、三面僧房内作」の造営、修理にあたった。それまで東大寺大勧進職は重源、栄西、行勇、円琳、隆禅、定親、慶鑒、了心と続いており、栄西以後は定親を除き建仁寺流の禅僧であった。永村眞はこの間の大勧進職任命にあたって鎌倉幕府の口入・推挙がなされたと推定している。[20] 後嵯峨院政下において円照が大勧進職に補任された理由については史料上不明である。ただ、円照補任の五年後に出された弘長三年（一二六三）八月十三日の公家新制に「可諸寺諸山顕密僧侶守戒法事」の一条を設け、僧侶の持戒を国家の政策として打ち出していること、同年十月十七日の興福寺宛太政官牒において、第一条に「法相幷律宗」の興行を命じていること[21]からも、後嵯峨の朝廷が寺社興行にあたって戒律重視の政策をとっていたことは明らかである。

　さて、円照のあと大勧進職は円照の禅学の師でもある禅僧、東福寺円爾辨円が任ぜられ、その後円照の実兄である中道上人聖守、道月上人聖然と続き、その後は円乗を除き寺外の律僧が補任される。建武三年（一三三六）に十達上人俊才が補任されるまで、戒壇院の律僧が大勧進職に補任されることはなかった。円照以後俊才まで、東大寺大勧進職は戒壇院の手を離れることに、注意しておく必要がある。

凝然

　一方、円照以後の戒壇院長老の系譜はどうなったか。『戒壇院住持次第』（前掲）によれば、示観房凝然、円戒房禅爾、本無房了心、十達房俊才、明智房盛誉以下に続く。このうち凝然については先行研究に詳しく、生涯にわたって多くの著作を残した碩学であることは改めて述べる必要はないであろう。その詳しい事蹟は『凝然大徳事蹟梗概』（前掲）などに明らかである。ここでは、律僧としての信仰・思想を円照と比較する意味でも確認しておきたい。「戒壇院定置」（前掲）は凝然自身が自己の思想・信仰をどのように認識していたかを知る上で貴重な史料である。

> 沙門凝然雖訪諸宗、華厳為本、講律之外、一期談論多在華厳、自余諸章、時亦兼講、当寺惣宗三論華厳、専為後代所学、本是八宗兼学之寺、惣通詠貫、無有所局、此戒壇院凝然管領之後、専学華厳宗、厥後門人、多致服膺、

ここにみえるように、凝然が華厳宗を根本とし、諸宗兼学の立場に立つ律僧であることは明白である。凝然が、たとえば永仁三年（一二九五）に東南院門主聖忠の命によって華厳宗の要義を述べた『華厳法界義鏡』の奥書に「華厳宗沙門凝然春秋五十有六」と記し、[22] 応長元年（一三一一）に後宇多法皇に献上した『三国仏法伝通縁起』に「華厳宗沙門凝然春秋七十二」と記していることは、[23] 凝然が華厳宗の僧であると自己認識していたことを示している。もちろん戒壇院長老である律僧としての立場は当然のことであり、永仁元年（一二九三）の『倶舎論頌疏』奥書に「華厳兼律金剛沙門凝然春秋五十四」などと記したように、[24] そのことと華厳宗学僧であることは矛盾しないのである。

ところで、「戒壇院定置」には真言宗に関する記述が登場しない。円照が真言密教の行法を行い重視したことと比較するとその点は際だっている。言うまでもなく西大寺の叡尊が光明真言会を開き、真言加持土砂を行う真言密教僧の色彩が濃厚であることとも対照的である。もちろん「金剛沙門」の名乗りに真言宗の影を見いだすことも可能であり、弘長三年（一二六三）から文永四年（一二六七）まで木幡の廻心上人真空から真言を学んでいたが[25]、それは二十代という若年のときのことであって、その後、真言密教を誰かから伝授されたという記録はないのである。鎌倉後期、東大寺を席巻した真言密教の動向は、円照の実兄であり真言院を再興した中道上人聖守、その弟子道月上人聖然の活動に見いだすことができるが、凝然の膨大な著述のなかには、わずかに『十住心論義批』がみえるにすぎない。

「戒壇院定置」は凝然の他界の後を弟子禅爾に託し、禅爾一期の後を凝然の甥禅明房実円に継承することと定め、「禅爾・実円相継専受之、後代相続、努力勿廃」と規定した。ここで戒壇院を継承する「後代」の者が受け継ぐべき仏法とは、前段からの文脈から明らかなように凝然が師宗性から学んだ華厳宗のそれであった。律院である戒壇院で学ぶべき学問の中心に華厳宗を置いたのである。この凝然の規定した戒壇院のあり方は、その後実際にはどのようになっていったのか。次にその点を確認しておきたい。

禅爾・了心

元亨元年（一三二一）凝然が八十二歳で入寂すると、「戒壇院定置」のとおり円戒房禅爾が戒壇院長老となった。『円照上人行状』（前掲）によれば、はじめ円戒房中一と称し、文永十一年（一二七四）に円照から具足戒を受け、戒壇院に住して「律蔵・華厳、研鑽積功」んだ。のち、伊賀国無量寿福寺、和泉国久米田寺に移住した。久米田寺では顕尊上人の跡を継ぎ長老となった[26]。凝然から華厳を学んだが、「俊爽叡敏、義解縦横」であったという。真言院の聖然上人からも密蔵を伝授され、また、好んで座禅を修したという。久米田寺の歴史と住持・壇越については納富常天の研究に詳しい[27]。ただ、元亨元年（一三二一）から正中二年（一三二五）に没するまでの間に戒壇院で行った事蹟については詳らかではない。禅爾には多くの弟子があり、なかでも相模国金沢称名寺三世となる湛睿がいて、戒壇院の法脈を関東に伝えることになった。叡尊―忍性とは別系統の律宗が関東に伝播することになる。

禅爾のあとを継承したのは四代本無上人了心である。「戒壇院定置」で指定した実円には継承されなかった。その理由はわからない。了心の師は円照の弟子空智上人である。了心は元徳元年（一三二九）に竹林寺において没しており、これも戒壇院長老としてどのような事蹟を遺したのかは詳らかでない[28]。『伝律図源解集』は円照の血脈として戒壇院住持次第を記し、凝然、禅爾、了心にも「造東大寺大勧進」と注記しているが、これは永村眞の研究により誤りであることが判明している。

俊才

戒壇院長老で注目されるのが五代十達上人俊才である。俊才は凝然の弟子であるが道月上人聖然から真言を伝授され、「毘尼華厳二宗、備探冲奥」したという。後醍醐天皇の菩薩戒受戒により国師号を与えられ、のち関東に移って金沢称名寺に入り、文和二年(一三五三)に同地で入滅した[29]。俊才の事蹟で注目されるのは、第一に聖然から真言宗の付法伝授をうけていることである。これによって戒壇院に真言密教の色彩が付けられた。俊才は置文を作成し「就中、真言幷受戒等可一門也、各任此状可被管領興行」と書き置いている[30]。第二に円照以後戒壇院から離れていた東大寺大勧進職に戒壇院長老が補任されたことによって、以後、東大寺大勧進職に俊才が補任されるようになったことである[31]。円照以後分離していた戒壇院長老の系譜と大勧進職の系譜が、ここに統合され、以後継続する。第三に金沢称名寺の住持となったことにより関東との結びつきが強固になったことである。

第一の俊才によって定められた真言密教の重視は、戒壇院における伝法灌頂の執行となって実現していく。

応永三十四年(一四二七)三月、戒壇院僧衆が室町殿義持に直接「授職灌頂」の執行と「実相上人之御法流」相続安堵を訴えたこと[32]に端を発して、戒壇院と新禅院との間で伝法灌頂道場をめぐって争いがおこり、幕府法廷で訴訟となった。同年五月の「東大寺戒壇院重陳状案」[33]にはこの問題をめぐる戒壇院の主張が先の俊才の置文も援用して展開されている。論点の第一は新禅院側が戒壇院は灌頂を一度も執行したことがないと主張したことに対し、戒壇院僧衆は十達上人、照玄長老、霊波大徳の印信血脈をあげて、戒壇院における灌頂執行の事実を主張した。第二に新禅院側が戒壇院の住持と僧侶は真言院で「入檀灌頂」を行うのが「旧儀」であるとしたのに対して、戒壇院は円戒和尚、霊波宗師、通識上人、聖地長老、通証大徳が真言院以外の寺院で灌頂を受けていたことを挙げて、真言院で必ず灌頂を受けるとの新禅院の主張が誤っていることを指摘する。第三に新禅院側が十達上人俊才の置文を出して新禅院での伝法灌頂を主張するが、置文で記されているのは新禅院だけではなく「真言院与新禅院」のことであり、「真言幷受戒等可一門也」とあって戒壇院が「真言」と「受戒」を「一門」とし、両方を「管領興行」するのは明鏡であると反論している。新禅院の訴状と俊才の置文が残っていないので明確に示すことはできないが、この反論の前提には真言院と新禅院は戒壇院の管領下にあるという認識があったことは確実である。『伝律図解源集』には俊才が聖然から瑜伽三密の伝授を受け、「住持真言院、大行庭儀灌頂」と記し、新禅院の第五代明運上人第六代融真上人の「二代間管領、更以無相違者也」と記述している。俊才は真言院と新禅院をともに管領し、その後、新禅院を「他寺」からの僧が「相承」するようになり(「東大寺戒壇院重陳状案」)、ここに至って相論となったのかもしれない。鎌倉中期に中道上人聖守によって再興された新禅院は、真言院とともに東大寺における真言密教伝流の拠点であったが、聖然から付法伝授を受けた俊才の段階で戒壇院の管領下に入り、それによって逆に戒壇院の密教化が進んだと推測する。

以上、円照から俊才に至る戒壇院長老の系譜を確認した。律院とはいっても時の長老の信仰・思想によって戒律伝持の上に何を学ぶのかは異なっており、とくに華厳宗ついで真言宗が兼修されていることが指摘できよう。円照のときに戒壇院長老が兼帯した東大寺大勧進職は凝然・禅爾・了心の時代には真言院・新禅院の聖守や聖然、そして他寺の律僧が任命され、戒壇院長老とは分離していたが、俊才が真言院・新禅院を管領したことによって再び戒壇院長老が兼帯するものとなり、以後、近世にまで続くことになる。

二　戒壇院の建物・組織・年中行事

戒壇院の性格は歴代長老の思想・信仰からだけでなく、その建物の性格や組織、年中行事などからも検討する必要がある。

(一)　建　物

戒壇院の建物についての基本資料は、鎌倉中期の「戒壇院三面僧房北室図」と室町期の「戒壇院古図」である。

「凡網戒本疏日珠鈔」紙背に描かれた「戒壇院三面僧房北室図」は建治二年（一二七七）頃の戒壇院を描写していると思われる[34]。原本調査によって判読した図を図1に示す[35]。

本図は建治二年段階の戒壇院の北僧房の部屋割を中心に描かれている。二十三間の建物は先にみた戒壇院の再興過程でみた北僧房一宇二十三間に合致することから、北僧房であることは間違いない。北僧房は中心部の五間が「禅堂」となっており、右側に東第一房、東第二房、東第三房、左側に西第一房、西第二房、西第三房が広がっている構造である。各房は三間分あり、一間分は三区に仕切られている。「空所」として住人がいない部屋が東第二房・東第三房、西第二房・西第三房では真ん中の一間分にある。おそらくその空間は僧房の各室への出入りのための空間として機能したものと思われる。西第一房は「旦過」とされているため住人はいない。戒壇院を訪れた客僧の宿泊施設として使用されたものと思われる。この構成は『円照上人行状』に「北室ノ房宇二十三間、中央五間、元是食堂、

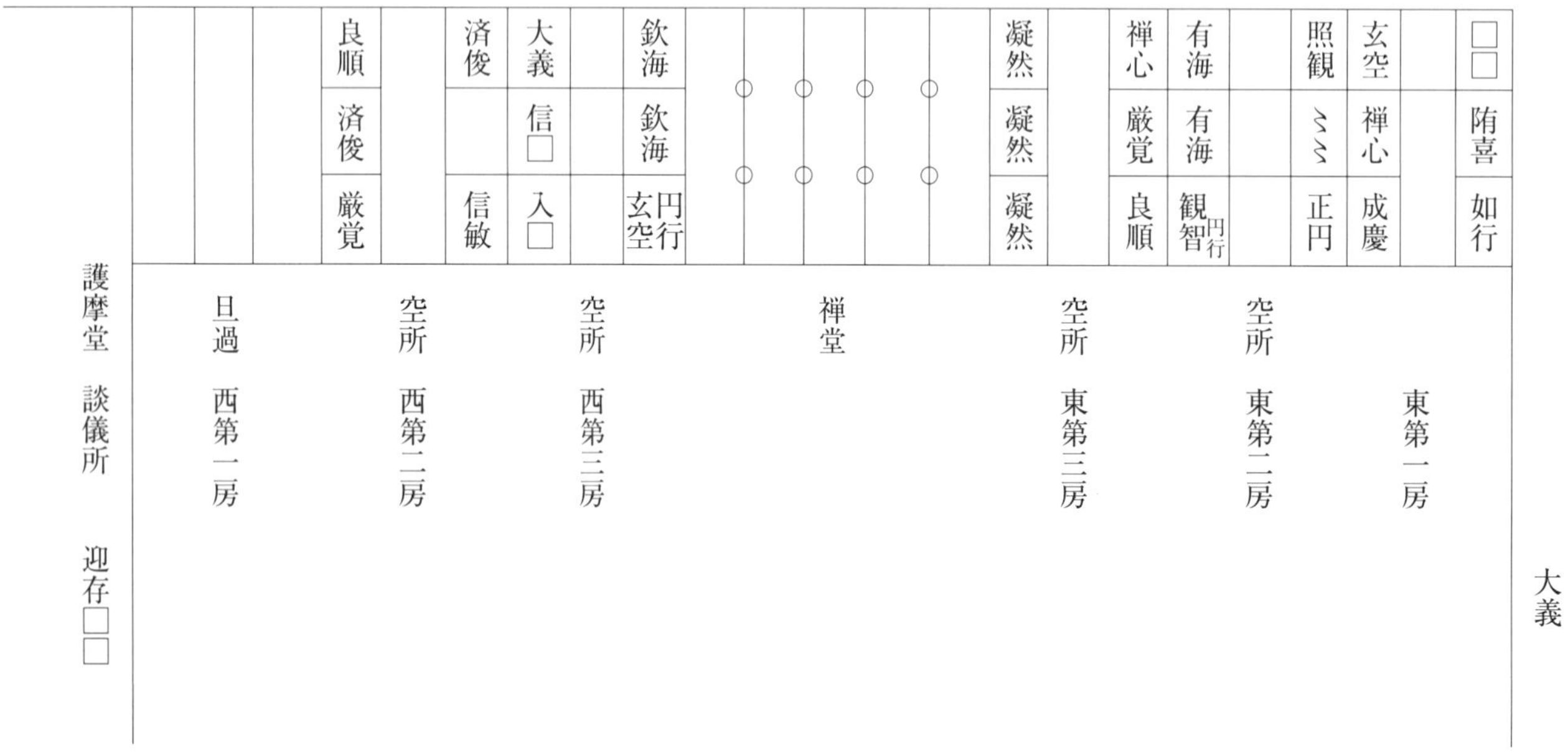

図1　戒壇院三面僧房北室図

東ニ有三房一房三間、西ニ有三房一房三間、此是北室食堂ノ東西ナリ」とある記述に一致する。もと「食堂」として使用していた「禅堂」は、『円照上人行状』に「于時集衆於禅堂、普説丁寧ナリ」とみえる場所で、円照が講説を行った場所であった。

僧房各室の住人で注目されるのは、凝然が東三房の左側三室を宛てられていることである。「戒壇院定置」には建長二年（一二五〇）に円照が戒壇院に中興開山とし招かれてから二十七年住持であったとしている。図の書かれた建治二年は、円照の没年で凝然が戒壇院を継承した年である。円照の名がこの図には見あたらないことから、おそらく凝然が戒壇院を継承した直後に凝然が僧房を割り当てるために描かれたものであったと推測され、凝然の僧房が三室を占めていたことは、おそらく長老房としての施設であったためであろう。凝然以外の僧名には良順、済俊、厳覚、信敏、大義、欽海、玄空、浄心、厳覚、有海、観智、照観、正円、禅心、成慶、随喜、如行などの名がみえる。この中、良順、済俊、欽海、厳覚、有海、玄空、円行、照観、禅心、信敏は二室を占めている。彼等の名前は同時代の別の史料に散見する。たとえば、建治二年五月一日「梵網経講問衆請定案」[36]に戒壇院で行われた梵網経の講問に請定された僧として大義、済俊、照観、示観（凝然）、欽海などの名がみえる。

北僧房以外に東僧房、西僧房は記されておらず、東側に「大義」、西側に「護摩堂」「談儀所」「迎存□□」と記されている。「大義」は北僧房にみえる僧の名前であり、なぜここに記されているのか不明である。「凝然置文」によれば西迎上人蓮実によって東僧房五間、実相上人円照によって西僧房五間が作られているから、建治二年段階に作成されたと推定した本図には東僧房と西僧房が描かれていてもよいはずである。あるいは、本図の作成年代は建治二年以前、円照が大勧進職に在職中のものとも考えることができるが、ここでは一応、凝然がその部分を省略して描かなかったと推定しておきたい。

時代は降るが、もう一つの戒壇院の境内図が文安三年（一四四六）戒壇院回録後に作成されたと推定されている「戒壇院古図」（図2）である。この図は『南都六大寺大観』[37]に紹介され、近年藤井恵介がそこに描かれている「僧堂」が食堂のことであると指摘している[38]ものである。

さて、この境内図が文安三年以前か以後かは決定できなくても、すくなくとも中世の戒壇院の状態を知る上で重要な史料であることには変わりはない。「戒壇院古図」に記された建物、施設は以下の通りである。

戒壇　講堂　三面僧房　談義所　御影堂　東明軒　客坊　旦過
護摩堂　長老坊　鎮守　小坊　経蔵　僧堂　鐘楼　千手堂　後
長老坊　地蔵院　建徳院　堅勝院　湯屋　赤堂　台所　釜屋
土蔵　知事寮　道具蔵　米蔵　雑蔵　クチ蔵　井戸　僧厠　小
便所　南中門　薬医門　南門　回廊

戒壇院は文安三年正月二日に火災によって焼失したが、その後、享徳三年（一四五四）に戒壇堂と回廊が再建され、文亀・永正の頃、講堂・僧房・四王堂などが再建されたという[39]。文安三年の回録について『大乗院日記目録』には「（文安三年）正月二日、東大寺之内戒壇院悉以回録、但所残分南門、同千手堂也」と記録しており、千手堂と南門は回録を免れたことがわかる[40]。「戒壇院古図」には「壇上講堂僧坊回廊ノ惣ノ柱数都合四百十一本（下略）」とか「惣ノ面ノ長八丈二尺九寸」などといった建物の寸法と柱の数が記され、柱

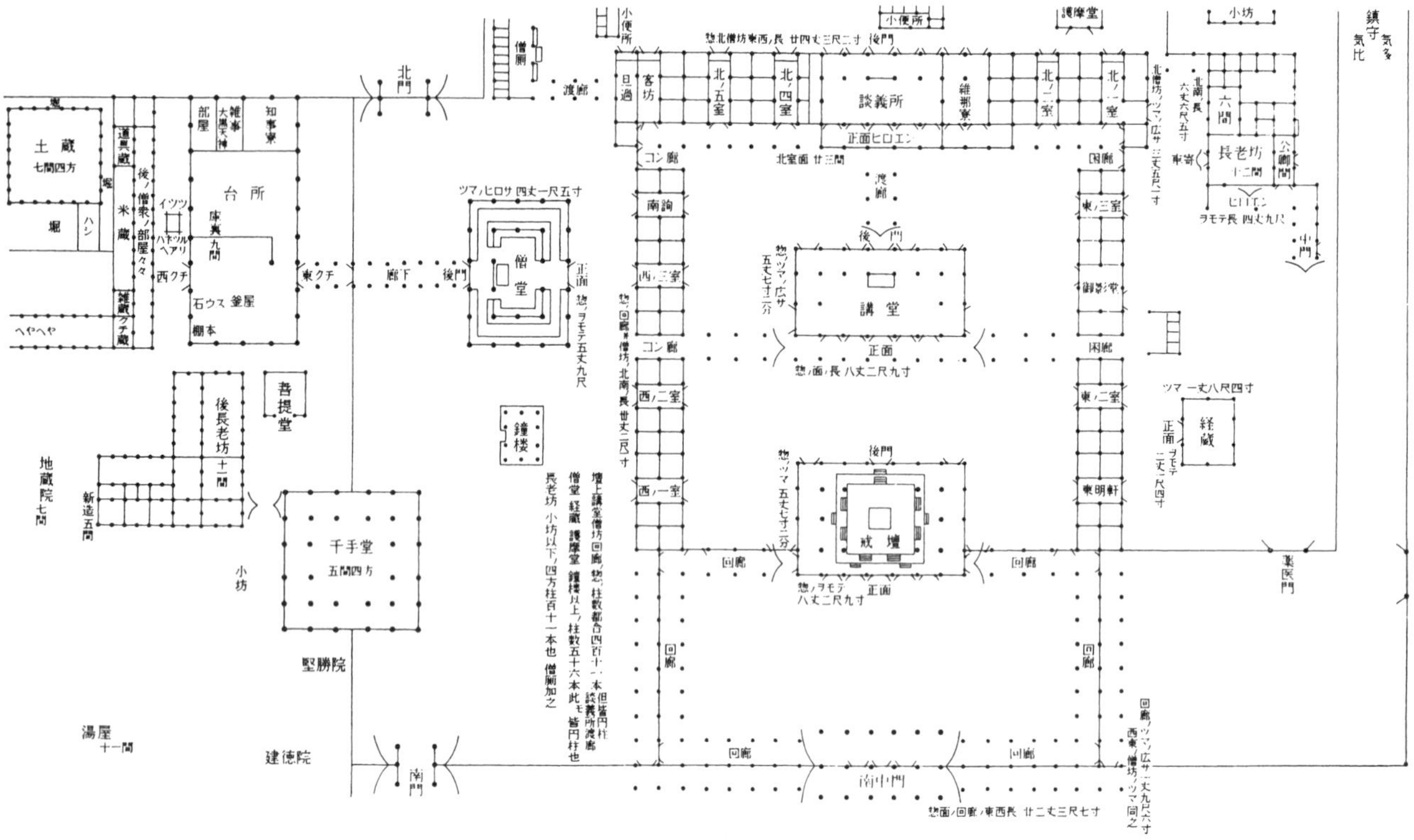

図２　戒壇院古図（横内裕人「『東大寺戒壇院年中行事』に見る中世戒壇院の諸相」（科研費報告書『東大寺所蔵聖教文書の調査研究』〈研究代表者　綾村宏〉）所載トレース図による）

の位置が正確に記入されているのが特徴である。戒壇、講堂、僧房、僧堂、回廊、経蔵、長老坊などには建物の寸法が記され、壇上（戒壇堂）、講堂、僧房、回廊、談義所、渡廊、僧堂、経蔵、護摩堂、鐘楼、長老坊、小坊の柱数が記されているが、回録を免れた千手堂はそのような寸法記載や柱数に関する記入がない。このことから、「戒壇院古図」は文安三年の回録後の戒壇院再興計画にあたって作成されたものとみてよいであろう。千手堂についてこのような解釈が許されるならば、同じく寸法と柱数の記述がない台所、土蔵、後長老坊、赤堂などは、あるいは文安三年の回録を免れた建物かもしれない。千手堂と同じ境内の西側にそれらが位置していることも、この推測の可能性が高いことを示している。

この古図では談義所や護摩堂の位置が、先に検討した鎌倉期の「戒壇院三面僧房北室図」とは大きく異なっている。僧房の西側にあった談義所が僧房北室の禅堂であった場所に移動し、同じく護摩堂は北室の北側に移動している。『南都東大寺戒壇院略縁起』には文亀・永正（一五〇一～一五二一）のころに講堂・僧房・四王堂などの堂宇が「往古の礎石を改めず、建立成就あり」としているが、主要な堂舎はそうであるとしても談義所や護摩堂のような建物は移動していることがわかる。

「戒壇院古図」にみえるこの他の建物について見ておきたい。

僧堂が僧衆の食堂であったことは、藤井恵介が指摘したところである。千手堂はおそらく『円照上人行状』にみえる海龍王寺（角寺）の千手観音と関係するだろう。円照は戒壇院に招請される前は海龍王寺にいたが、修行中に病にかかり千手観音に祈請して病が癒えたという逸話が載せられているが、その逸話は千手堂の本尊である千手観音の由来を語っているのではないかと思われる。『円照上人行状』には円照が大勧進職であったときに千手堂を建立したことが記されているが、後に長享三年（一四八九）四月の千手堂勧進状では「凡此尊像者、後嵯峨天皇之御本尊実相上人之安置也」と記している。[41] 地蔵堂については、本尊である地蔵菩薩の記述が『円照上人行状』にみえている。円照の支援者の一人、東門院権僧正公円は「戒壇ノ地蔵ニ毎日ニ供ヲ備え」たという。次に建武五年（一三三八）の灯油聖性恵（順応）書状には「戒壇院療病院地蔵菩薩領」がみえる。この記述から見れば、地蔵菩薩は療病院の本尊であったが、この療病院こそ地蔵堂のことではなかったかと思われる。『戒壇院古図』には「薬医門」がみえるが、この門の由来は療病院と関連するもので、戒壇院が病気の人々に施薬を施す施設をもっていたことを推測させる。

(二) 組織

戒壇院の組織がどのようなものであったかを示す史料は少ない。ここでは遺された史料から概観する。

弘安十年（一二八七）四月二十四日の「信空造像願文」[42]は、般若寺の善哉童子像の胎内文書で、宇填王像と善哉童子像の造立にあたって、その功徳成就と利益をねがって般若寺の僧十六人が六十華厳八法界品十六巻を書写し、「戒壇院華厳学者凝然大徳」を請うて「開題賛歎」し、善哉童子像に納めたことを述べ、その際に列座した般若寺と戒壇院の僧の交名を奉納したものである。凝然以下二十七人の戒壇院僧の名前が記されるが、このうち「比丘」は十名、「法同」は六名、残りの十一名は注記がない。これが鎌倉期の戒壇院僧の構成を知ることができる初めての史料である。「比丘」とは具足戒を受けた正式な僧を指しているが、「法同」は「法同沙弥」の略で、律僧集団に特有の言葉である。金沢称名寺の律僧の組織について、福島金治は「法同沙弥」を十戒の具足戒を受けた沙弥、「行同沙弥」を出家したばかりの僧、「比丘」を四分戒を守る僧とし、律僧の身分を示す称号とした。[43] 箕浦顕量の説明によれば「法同沙弥」は法として沙弥と同じとの意で、十戒を授けられた者、「形同沙弥」とは形が沙弥に同じとの意味で、『梵網経』の十重戒を護持した僧の意味であるとする。[44]

このように南都の戒律復興運動のなかで生まれてきた律僧の身分には、共通して「比丘」「法同沙弥」「行同沙弥」の三段階の区分があったのであり、そのことを踏まえれば、弘安十年の願文に載せられた戒壇院僧二十七名のうち注記がなかった十一名は「行同沙弥」を指していると言ってよいであろう。注意しておかねばならないのはこれらは剃髪した「僧」であって、その下には八斎戒を守る「近住」（斎戒衆、八斎戒衆）と五戒を守る「近事」という在家の者がいたことである。彼等の存在は鎌倉期の史料には今のところ見つけていないが、室町期の史料にはその存在を見いだすことができる。

応仁二年（一四六八）閏十月二十八日の「戒壇院勧進聖部屋規式」[45]は、戒壇院の勧進聖部屋の規式を二箇条にわたって「縁起之僧衆評定」によって定めたものである。

署判者は実政、年預恵儆、廻知事徳融、廻維那正誉、廻知事同人で実政以外は役職名を記す。[46] また、第一条において、たとい聖が「退転」してもその部屋を「僧衆幷斎戒・行堂・下部」に貸してはならない」としているが、ここに登場する「僧衆」「斎戒」「行堂」「下部」

は役職名ではなく戒壇院の僧以下の身分を示している。「僧衆」は戒壇院の僧侶のことで、先の比丘・法同沙弥・行同沙弥にあたるものと思われる。「斎戒」は斎戒衆（近住）のこと、「行堂」は近事に相当する者のことと思われる。戒壇院にも斎戒衆がいたことが注目される。

最近紹介された『戒壇院年中行事』[47]は、「戒壇院勧進部屋規式」と同時期の史料で、戒壇院の年中行事だけでなく、戒壇院の構成員を知る上でも貴重な史料である。そこにみえる身分、役職、組織は、「比丘」「宿老」「年預方」「三役者」（知事・維那・知客）、「維那」「廻維那」「維那方」「維那寮三人」「維那沙弥」「維那沙弥当番」「沙弥」「沙弥当番」『厳浄』『厳浄方』、「御影行者当番」、「斎戒当番」、「倉方」「庫倉」「庫院」「庫院方」「直日」「直日方」「浴司」「勧請」「承仕方」「講堂法橋」などである。ここには「比丘」「沙弥」などの身分による僧衆の集団を示すもの、「倉方」「庫倉」「庫院」という組織・施設を示すもの、「維那」「厳浄」「直日」などの役職を示すものが含まれている。このうち「三役者」は役職者としてもっとも重要な存在と思われる。毎年夏安居の終わる頃、七月八日に「三役者定」が「比丘衆集会」において実施された。人選は比丘衆の「入文」で行われた。長老はその場に比丘衆の一員として出席していたが、決定権はなかったようである。「三役者」は「知事」「維那」「知客」のこととしてみえ、このうち「維那」は「維那沙弥」、「知事」「知客」は「両役者沙弥」とも読み取ることができるので、彼等は沙弥であると思われる。したがって、比丘衆が下位の沙弥のなかから三役者を選任したものと推定する。維那は「維那方」「維那寮」という組織を持ち、「維那寮三人」「維那方」が年中行事の取り仕切り役として登場することが多く見られる。「厳浄」「厳浄方」はのような役職なのか、不明である。年中行事での登場の仕方からは「維那」と同様の職務を果たしているところもあるが、行事の前に「掃拭」をしていることがあり、あるいは行事の場の清掃と関係するかもしれない。「維那」は「厳浄」より上位の役職であると思われる。「直日」もその職掌はよくわからないが、「地蔵咒百反」「光明真言廿一反」「慈救咒廿一反」「如意輪大咒」を唱える者であることから、咒師のような者ではなかったかと思われる。

『戒壇院年中行事』と同時代に作成された『戒壇院古図』には、「維那寮」「知事寮」が描かれているが、「知客」については「知客寮」のような施設はない。「知客」はおそらく「日過」を担当したものと思われるが詳細は不明である。「倉方」「庫倉」「庫院」「庫院方」は『戒壇院古図』において「台所」「釜屋」「土蔵」「米蔵」「道具蔵」「雑蔵」などを統括する組織と推定してよいと思われる。『戒壇院年中行事』では油・炭・仏具・打敷・餅などの供物を用意しているが、『戒壇院古図』には油を保管する場所は描かれておらず、あるいは、寺内の灯油納所から調達していたとも考えられる。

金沢称名寺の場合、侍者、綱維、知事、行者、知客、殿司、蔵司、浴主などの役職名があるが、基本的な組織としては同じ性格を持っていると思われる。綱維は僧衆の意見をとりまとめ、仏事を執行する役であることから、戒壇院の維那に相当するものと思われる。知事は蔵の管理を行う役職であるが、戒壇院の知事も同様であったと思われる。時代はさかのぼるが、凝然自筆聖教の紙背文書には戒壇院知事宛の文書がいくつかみられる。それらはいずれも布施やお時の料米、諷誦文に副えられたお礼の品などの送文である[48]。このことはそれらの物や銭が知事の管轄であったことを示しているといえよう。

こうした役職名は禅宗寺院と共通するものが多い。

(三) 年中行事

戒壇院でどのような法会や講問などが行われ、年中行事となっていたかを知ることは、戒壇院の律宗寺院としての特色を知る上で、もっとも重要な問題である。先に見た『戒壇院年中行事』は室町中期の年中行事を示している重要史料であるが、それ以前の戒壇院でどのようなことが行われていたのかを、少ない史料からではあるが確認しておきたい。

「戒壇院定置」において凝然は「三時共行、二時談義、祖忌檀忌、如是行学、専守開山上人被定置之旨、一事一塵、勿令廃闕」と記している。円照が定め置いた行法として「三時共行」「二時談義」「祖忌檀忌」の三つが挙げられているのである。「三時共行」とは晨朝・日中・日没において行う「共行」のことであるが、僧衆が「共」にする「行」に律衆として特定の意味があるようである。「二時談義」は朝夕に行う「談義」。「祖忌檀忌」は後にみるように戒壇院の祖師鑑真と檀那の忌日に行う行法を意味していると思われる。律僧として行う「行」と「談義」に祖師と檀那の忌日法要を加えていることが興味深い。

元亨四年（一三二四）八月十一日「賢俊後家子息等料田寄進状」（前掲）は、円照の実弟である東大寺学侶賢舜法眼の後家妙円と子息たちが戒壇院僧食料として伊賀国名張郡新庄の田地十四町を戒壇院に寄進した文書である。そのなかで、戒壇院が「戒律修学之会場」として「毎月両度布薩以下衆自共之三行相続不絶」と記していることが注目される。毎月二回「布薩」が「衆自共之三行」を代表するものとしてある。「布薩」とは月に二回、半月ごとに僧が集まって自己反省し罪を告白懺悔する集まりのことで、その際、戒律の箇条が読み上げられた。戒律復興運動において律宗寺院では必ず行われたものである。細川涼一は西大寺流律宗の特徴として毎月十四日と二十九日に行なう四分律に基づく四分布薩と、十五日と三十日に梵網経に基づき行なう梵網布薩があったことを指摘している。[49] 戒壇院の布薩は後の『戒壇院年中行事』では十五日と三十日に行われていることから、梵網経布薩であったと思われる。「衆自共之三行」の「三行」は一般的に身・口・意の三業あるいは福行・罪行・無勤行をいう[50]が、詳細は不明である。

永徳元年（一三八一）六月十三日の「法阿弥戒壇院用途寄進状」は法阿弥が戒壇院に「光明真言之幡」と「同料足等用途」として百貫文を寄進したものである。戒壇院で光明真言の幡が必要である理由は、同院で光明真言講が開かれていたからである。『南都東大寺戒壇院略縁起』（前掲）には「兼て最明寺禅門平時頼を檀越とし、建長元年巳酉より九月日を定めて光明真言会を続行ふ」と記しているが、西大寺をはじめとして律宗寺院において光明真言会が行われていたことからみても、この縁起の記述は何らかの事実を語っているとみてよいであろう。

さて、『戒壇院年中行事』は室町時代十五世紀中頃の状態を知る上でもっとも重要な史料である。すでに史料紹介をした横内裕人が年中行事を整理し分析を加えているが、戒壇院の性格を知る上で必要であるので、さらに検討を加えたい。

〔別表〕

	毎日勤行	毎月行事	月例行事		
戒壇院		1日（鎮守勤） 5日（諸長老忌理趣三昧） 12日（日中副勤） 15日（布薩、舎利講） 16日（鎮守勤） 19日（日中副勤） 21日（御影供） 22日（開山忌戒本） 25日（日中副勤） 26日（月次講問） 30日（布薩、舎利講）	正月（舎利講？） 正月14日（最勝講） 正月17日（修正会） 2月8日（修二月） 2月15日（涅槃会） 2月22日（太子講） 3月11日～21日（光明真言） 4月8日（仏生会） 4月16日（結夏） 5月14日（四王講） 7月8日（三役者定） 7月1日～14日（15日か）（孟蘭盆供転読） 7月15日（屍陀林、施餓鬼） 7月24日（地蔵講） 9月1日（霊芝供） 12月15日（香象供） 12月22日（仏名）	歴代長老忌日 檀那忌日	（参考）文明二年二月四日「年中行事定」 長老忌（理趣三昧） 檀那忌（無言行法） 凡網講讃 朝の副勤（毎月朔日光明真言） 日中の副勤（毎月12日） 舎利講（毎月15日） 四天前祈祷（毎月16日） 涅槃会 夏中三十説戒 観音講（6月23日） 御影供（7月21日） 地蔵講（7月24日）
称名寺	長日不動護摩 長日愛染王供所	両度の布薩 21日　御影供	正月（舎利講　修正会 年始祈祷） 2月15日（涅槃会） 3月21日（御影供） 4月8日（仏生会） 4月15日～7月15日 （夏安居） 7月12日（文殊供養） 7月15日（盆・施餓鬼） 8月（彼岸） 11月（天台大師講） 12月（仏名） 祖師忌日		
大安寺	晨朝 日中 日没	1日（舎利講式） 2日（八幡宮社参） 3日（毘沙門講式） 5日（弥勒講式） 8日（最勝王経転読講讃） （梵網講讃） 10日（光明真言） 14日（四分布薩） 15日（梵網布薩） 17日（光明真言） 21日（御影供） 22日（太子講式） 25日（文殊講式） 29日（四分布薩） 30日（梵網布薩）	正月1日～7日（年始祈祷） 1日～8日、15日（羅漢供） 1日3日、6日7日（舎利講式） 4日（羅漢講式） 5日（弥勒講式） 10日（仁王会） 16日～21日（修正） 2月15日（涅槃会） 2月21日（御影供） 2月22日（聖霊会） 3月15日（一切経転読） 3月21日（御影供） 4月8日（仏生会） 4月16日（結夏） 5月1日（仁王会） 6月8日（華厳経転読講讃） 6月18日（蓮華会） 7月1日～15日（孟蘭盆経転読） 7月14日（屍陀林勤） 7月15日（孟蘭盆供） 7月16日（自恣） 10月15日～22日（七昼夜光明真言） 12月21日～23日（仏名会）	歴代長老・檀那忌日・天皇その他忌日（凡網講讃、羅漢供、光明真言、無言供養法、例定勤）	

別表は福島金治が検討した金沢称名寺、細川涼一が検討した大安寺の年中行事[51]と比較するために表にしたものである。毎日の勤行、毎月定められた日に行われる行事、毎年定められた月日に行われる月例行事に分類したが、歴代長老の忌日や檀那の忌日に行われる法要についてはひとつひとつ記載するのを略してある。称名寺は福島氏による復元なので、史料として直接比較できるのは大安寺である。

この表から戒壇院が中世後期の律宗寺院共通の性格を備えていたことがみえてくる。

①戒壇院は戒律を重視する律宗寺院として、毎月二回の布薩がある。大安寺の場合は梵網布薩の前日に四分布薩があるので、大安寺よりは自らの行動を反省する布薩は重視されていない。四月十五日の結夏から七月十五日までの夏安居も重要で、横内裕人が指摘しているように「戒壇院年中行事」の暦の記載は夏安居が七月十六日の自恣で終了した翌日七月十七日より始まっている。自恣も安居中の懺悔のために行われる。梵網講讃も律宗特有の行事である

②真言密教の法会、修法が共通して見られる。南都の律宗再興は西大寺の叡尊において指摘されているように密教色が強い。戒壇院においても開山円照が阿字観を修したこと、三代禅爾が真言院の聖然から密教を伝授されていたことに見るように、密教色ははじめから存在した。弘法大師空海を祀る「御影供」が行われ、歴代長老忌日に理趣三昧が修され、三月に十日間光明真言が勤められるのは当然のことであった。

③孟蘭盆、施餓鬼、屍陀林、羅漢供など禅宗寺院で行われた行事が共通して見られる。円照が東福寺の円爾から座禅を学んだように、戒律と座禅は律と禅に共通する要素である。西大寺の叡尊に羅漢信仰が見られ、羅漢供が釈迦堂や温室で行われたことはすでに高橋秀栄が指摘しているところである[52]。孟蘭盆、施餓鬼、屍陀林が勤められたことは、律宗寺院において禅宗と同様に死者の追善供養が重視されたことを表している。

③歴代長老の忌日だけでなく、檀那忌など何らかの寄進をおこなった俗人の忌日に供養が行われたことは戒壇院、大安寺に共通する。戒壇院ではそのような忌日に羅漢供が行われたことが注目され、横内裕人は東大寺周辺郷の有徳人が多いことを指摘している。羅漢供の願主には一見して阿弥号を有する者が多いが、その理由は明らかにすることができない。先述した永徳元年の法阿弥の戒壇院用途百貫文の寄進も、やはり阿弥号を有する東大寺周辺の有徳人によるものであったと思われる。羅漢供とは別に特別の檀那の忌日法要を檀那忌といったこと、その檀那のなかに赤松氏一族が幾人かみられることを横内裕人が指摘している。戒壇院の経済的基盤は、先の伊賀国名張郡黒田新荘の料田だけでなく、赤松氏のような有力な檀那や、東大寺周辺の富裕住民による寄進によって成り立っており、その上で、寄進者の忌日法要が営まれた。この基本構造は大安寺においても同様であったと思われる。

以上の他にも修正会、涅槃会、仏生会、仏名会などが共通して見られるが、これらは仏教寺院共通の行事であり、ここでは問わない。

ところで、この時期の戒壇院を考える場合に参考となるのが、永村眞によって紹介された「東大寺楞伽院年中行事[53]」である。永村はここから楞伽院の特質を抽出し、①庫院・長老房・維那寮・戒壇院施餓鬼に表される戒壇院との密接な関係。②非人施行に表出する濃厚な律宗の影響③勧進聖の属性④灯油興行への関与を挙げて、「戒

壇院・律宗・勧進聖・灯油興行という四要素が、相互に密接な関連をもって、楞伽院の活動を規定する」と結論された。戒壇院の長老や老僧が楞伽院の羅漢供に招請されていることから、楞伽院の「坊主」は戒壇院の僧よりも下位身分にあたる。楞伽院の「斎戒」「中間」「下部」は戒壇院の「庫院」に出入りする者であり、彼等は維那寮に料米や油を届ける存在であった。南北朝室町期にあって、戒壇院の下部組織に楞伽院が位置しているとみてよいものと思われる。戒壇院だけでは見えてこなかった非人施行を楞伽院が行っていることもあり、戒壇院と楞伽院が東大寺の律院として一体的に機能していたと見ておく必要があろう。

おわりに

以上、鎌倉中期の戒壇院再興から室町期に至る戒壇院の様相について、必ずしも多くない史料からできる限り明らかにしようとした。その結果見えてきた中世の戒壇院の性格と今後の課題について最後に整理しておきたい。

一、戒律を基本とする律宗寺院であるが、その生活の上で華厳宗や真言宗を学び、座禅を取り入れる諸宗兼学兼修である。その点で西大寺などと大差はないが、凝然が存在したことにより華厳宗が真言宗と並んで重視されたことは他にない特徴といえよう。禅宗の影響については年中行事や組織のなかに見いだすことができるが、それがどの時点でどのように取り入れられたかは不明である。わずかに円照と辨円の関係、禅爾の伝記にその形跡が見いだせるにすぎない。そもそも中世では律僧と禅僧は禅律僧として同じ範疇で認識されることがあり、その服装や寺院の組織形態、建物も類似している。戒壇院が円照段階からすでにそうであったのか、あるいは、次第にそうなっていったのかは今後の課題である。

二、戒壇院は比丘・沙弥からなる僧衆と、その下につらなる斎戒衆・行堂・下部から構成され、僧衆は長老のもと比丘衆集会で三役者である知事・維那・知客を選任し、それぞれが維那寮などの組織を率いる。

三、戒壇院の管領下に坊主・斎戒衆・中間・下部によって構成される楞伽院があり、戒壇院の行事用途を供給したり、非人施行を行った。南北朝期、戒壇院の管領下には真言院や新禅院があったことも含めて、戒壇院だけでなくその下にあった院家を含めた全体組織の解明と近世への展望が次の課題になる。

四、戒壇院の経済的基盤について、この報告では伊賀国黒田新荘の料田と東大寺郷に在住する有徳人の寄進を挙げたにすぎない。横内裕人が指摘した播磨の赤松氏など有力武家との関係もさらに追究すべき課題である。東大寺大勧進職に就任したことによって、周防国国衙領を知行することになるが、その収益が戒壇院においてどうなっていたのかという問題についても全く言及できなかった。これも東大寺惣寺経営との関連で考えてみなければならない課題である。

（いなば　のぶみち・名古屋大学教授）

付記

報告後以下の論稿を知った。本来ならばこの報告集において言及すべきであるが、シンポジウムの報告集であることから果たせなかった。

追塩千尋「凝然の宗教活動について—凝然像の再検討—」（『北海学園大学人文論集』第三十五号、二〇〇六年十一月）、同「円照の勧進活動と浄土教・

密教」（北海学園大学大学院文学研究科『年報新人文学』第四号、二〇〇七年十二月）。
永村眞「「南都仏教」再興」（『論集鎌倉期の東大寺再興―重源上人とその周辺―』ザ・グレイトブッダシンポジウム論集第五号、東大寺、二〇〇七年十二月）。
藤丸要「鎌倉期における東大寺華厳」（同右）。

なお、本稿はシンポジウム当日の表題「鎌倉後期の東大寺戒壇院とその周辺」をそのまま使用した。シンポジウムでは「三　鎌倉後期における東大寺の動向と戒壇院」についても触れたが、本報告書では紙数の関係で省略した。したがって、表題と内容とがそぐわなくなっている。本来ならば内容にそくして表題を「中世東大寺戒壇院の様相」とすべきであるが、シンポジウムの報告書であることから、原題のままとした。

註

（1）網野善彦『蒙古襲来』（小学館、一九七四年）。
（2）黒田俊雄『日本中世の国家と宗教』（岩波書店、一九七五年）。
（3）松尾剛次『勧進と破戒の中世史』（吉川弘文館、一九九五年）、同『中世の都市と非人』（法蔵館、一九九八年）。大石雅章『日本中世社会と寺院』（清文堂、二〇〇四年）。細川涼一『中世の律宗寺院と民衆』（吉川弘文館、一九八七年）、同『中世寺院の風景』新曜社、一九九七年）。
（4）安田次郎『中世の興福寺と大和』（山川出版社、二〇〇一年）。
（5）網野善彦『無縁・苦界・楽』（平凡社、一九七八年）。
（6）『奈良市史』通史二（一九九四年）
（7）追塩千尋『国分寺の中世的展開』（吉川弘文館、一九九六年）。湯之上隆『日本中世の政治権力と仏教』（思文閣出版、二〇〇一年）など。
（8）西大寺流律宗研究の総合的研究史整理については、追塩千尋「中世西大寺流研究の回顧と課題」（『戒律文化』創刊号、二〇〇二年）がある。参照されたい。
（9）東大寺教学部編『東大寺円照上人行状』（東大寺図書館、一九七七年）。
（10）古田紹欽「圓爾辨圓と実相房圓照」（『南都仏教』三九号、一九七七年）
（11）大屋徳城「凝然国師年譜」（東大寺勧学院、一九二一年）、新藤晋海『凝然大徳事蹟梗概』（東大寺教学部、一九七一年）、田中久夫「著作者略伝」（『日本思想大系鎌倉旧仏教』岩波書店、一九七一年）、越智通敏『沙門凝然』（愛媛文化双書刊行会、一九七二年）、島地大等『日本仏教教学史』（仏教書林中山書房、一九三三年、一九七六年復刊）、堀池春峰「凝然大徳と仏教史伝」（『南都仏教史の研究』遺芳篇、法蔵館、二〇〇四年、初出は一九六七年）、高木豊「鎌倉仏教における歴史の構想」（岩波書店、一九八二年、初出一九七六年）、平川彰「凝然の戒律思想」（『南都仏教』二八、一九七二年）、鎌田茂雄「日本華厳における正統と異端―鎌倉旧仏教における明恵と凝然」（『思想』）五九三、一九七三）など。
（12）永村眞『中世東大寺の組織と経営』（塙書房、一九八九年）。
（13）横内裕人「『東大寺戒壇院年中行事』に見る中世戒壇院の諸相」科研費報告書『東大寺所蔵聖教文書の調査研究』（代表　綾村宏二〇〇五年）、のち、横内裕人『日本中世の仏教と東アジア』（塙書房、二〇〇八年）。
（14）『鎌倉遺文』一五九三八号。
（15）賢順和上は興福寺西金堂衆良詮大徳のことで、律師昇進の成功料として北僧房の造営がなされたことは、永村前掲著書（四一七頁）が指摘している。
（16）元亨四年八月十一日「賢俊後家子息等料田寄進状」（『鎌倉遺文』二八七九八号）。
（17）永村眞前掲著書四一七頁四二〇頁。
（18）東大寺図書館所蔵薬師院文書（ヤ／2／193）。
（19）後嵯峨上皇院宣案（大須観音宝生院文書「東大寺古文書」中、『真福寺善本叢刊八、古文書集一』所収、臨川書店、二〇〇〇年）。
（20）永村前掲書第二章第一節。
（21）佐藤進一・百瀬今朝雄・笠松宏至編『中世法制史料集』第六巻（岩波書店、二〇〇五年）。
（22）『日本思想大系鎌倉旧仏教』（岩波書店、一九七一年）。
（23）『大日本仏教全書』史伝部一（講談社）。
（24）『凝然大徳事蹟梗概』（前掲）所収。
（25）『日本思想大系鎌倉旧仏教』（前掲）解説、田中久夫「著作者略伝」（凝然）。
（26）納富常天は『伝律図源解集』下（『大日本仏教全書』史伝部三、講談社）の「禅爾大徳住持本寺七年」の記述から元応元年頃に戒壇院長老となったとする（『金沢文庫資料の研究』法蔵館、一九九五年、所収「泉州久米田寺について」（初出一九七〇年））。
（27）納富常天前掲書。

(28)『伝律図源解集』下（前掲）および『戒壇院住持次第』（前掲）。

(29)『律苑僧宝伝』（前掲）、「戒壇院住持次第」（前掲）。『伝律図源解集』下（前掲）。

(30) 応永三十四年五月日「東大寺戒壇院重陳状案」（東大寺図書館所蔵東大寺文書第十部八〇）に引用される「第五長老十達上人置文」。この置文は残っていない。

(31) 永村眞前掲書。

(32) 応永三十四年三月「東大寺戒壇院雑掌目安状」（東大寺図書館所蔵東大寺文書第十部七九号）。

(33) 註(30)文書

(34)「梵網経日珠鈔」第四紙背。この境内図については、堀池春峰が『週刊朝日百科日本の歴史』中世一―②「中世の村を歩く」（朝日新聞社）に紹介し、奈良国立博物館展示図録『東大寺のすべて』（朝日新聞社、二〇〇二年）において横内裕人の解説がある。凝然筆「梵網経日珠鈔」第四は書写奥書から建治二年頃いったん成立し、その後、弘安六年に補訂を加えたものであるが、紙背文書は建治二年の年次をもつ文書があることから、この図もそのころのものと推定される。

(35) 筆者は二〇〇八年二月七日に原本を調査することができた。本図は凝然の筆によると思われ、料紙は縦二八・〇糎、横四〇・〇糎の大きさ。楮紙に描かれている。文字の翻刻は堀池氏の判読と若干異なる。

(36)『凝然大徳事蹟梗概』（前掲）所収。

(37) 第九巻東大寺Ⅰ、岩波書店、一九七〇年。

(38) 藤井恵介「律宗における僧食と僧堂」（国立歴史民俗博物館編『中世寺院の姿とくらし 密教・禅僧・湯屋』、山川出版社、二〇〇四年）。

(39)『南都東大寺戒壇院略縁起』（『大日本仏教全書』東大寺叢書）。享保十八年の戒壇院落慶法要の頃の成立と思われ、その記述には史料批判が必要である。

(40)『増補続史料大成大乗院寺社雑事記十二』（臨川書店）。

(41) 東大寺図書館所蔵東大寺文書第十部七八。

(42)『鎌倉遺文』一六二四五号。

(43) 福島金治『金沢称名寺と北条氏』（吉川弘文館、一九九七年）。

(44) 箕浦顕量「戒律復興運動」（松尾剛次編『日本の名僧一〇持戒の聖者叡尊忍性』吉川弘文館、二〇〇四年所収）。

(45) 東大寺図書館所蔵東大寺文書第十部一二四。

(46) 実政はのちに大勧進職になる人物である。永村前掲書三四七頁「東大寺大勧進職一覧」によれば第四十四代大勧進、戒壇院二十五代長老。

(47) 横内裕人註(13)論稿。横内の推定によれば、寛正四年（一四六三）から文明二年（一四七〇）の間に本文部分が成立し、「戒壇院年中行事規式」が文明二年に追記され、また別に「毎月茶盛日記」が追記された。

(48) たとえば、「探玄記洞幽鈔」第八十六紙背文書（東京大学史料編纂所所蔵写真帳『東大寺凝然大徳筆聖教紙背文書』四）にみえる延慶二年四月十五日春願逆修布施送文など。

(49) 細川涼一『中世寺院の風景』（新曜社、一九九七年）第八章。

(50) 中村元『仏教語大辞典』東京書籍、一九八七年。

(51) 福島前掲書第二章第五節「金沢称名寺の年中行事」、細川前掲書第八章「中世大安寺の年中行事」。文安五年十月「大安寺年中行事次第法式」（『大安寺史・史料』大安寺刊、一九八四年）。

(52) 高橋秀栄「思円房叡尊と羅漢信仰」（『金澤文庫研究』二七六、一九八六年）。

(53) 東大寺図書館所蔵東大寺文書3／8／4。永村前掲書第四章付論。

東大寺戒壇院の成立

東野治之

はじめに

律令国家の懸案となっていた戒師招請が決着し、唐僧鑑真が九州に到着したのは天平勝宝五年（七五三）の暮れであった。この鑑真の来日を機に設けられた東大寺戒壇院は、以後、古代仏教における授戒の中枢として大きな役割を果たし、中世に至っても、戒律復興の機運の中で新たな脚光を浴びた。この報告では、取り上げる時代を、筆者が専門とする古代に限り、戒壇院の設立とその背景、成立後の戒壇院をめぐる状勢の変化などについて、見通しを述べてみることとする。

一　鑑真招請の背景

まず前提として確認しておかねばならないのは、戒師の招請を企画するに至った日本側の事情である。戒師を日本に招く使命を帯びて、留学僧の栄叡・普照が派遣されたのは、天平五年（七三三）の遣唐使に伴ってであったが、このころまでの日本で、すでに官大寺における授戒が行われていたことは、『西琳寺文永注記』などに基づき指摘されているとおりである[1]。七世紀後半に多数存在した僧尼たちが、何らかの授戒の儀を経てその身分を得ていたことは、当然推測してよいであろう。その起源をたどれば、列島での最初の尼とされる善信尼ら三人の女性にまで行き着く。彼女らは、崇峻元年（五八八）から三年にかけて百済に渡り、受戒して帰国した。そこには、仏教草創期の受戒事情がよく表れている。その後も七世紀代を通じ、留学僧による海外での受戒は継続したであろうが、その実例や国内への影響については知るところがない。ただ推古三十二年（六二四）に、一僧侶が祖父を殴って罪に問われた事件などは、それが僧尼の統制政策に与えた影響とともに、戒律への関心を改めて喚起したことと推察される。

こうした中にあって注目されるのが、大化元年（六四五）八月に設置された十師である。この時、十人の高僧が、「能く衆僧を教導し、釈教を修行すること、要ず法の如くせしむべし」(『日本書紀』)として、この職に任じられた。この十師をめぐっては、早くから僧尼の統制機関とする説と、[2]授戒に関与する三師七証の十師とする説があり、どちらかといえば前説が有力であった。しかしかつて二葉憲香氏や平野不退氏が論じられたように、後説も捨てがたいところがある。[3]特に十師を僧尼の統制機関と解すると、これと並行して僧正、律師などの職も存在していたことになり、やや不可解である。十師については、近年、上川通夫氏も説かれているように、三師七証説を再評価する必要があろう。[4]時代はやや下るが、天武七年(六七八)に唐から帰国した道光が、四分律(ないしは四分律抄)に依拠した行事を撰したという所伝[5]からも、戒律の整備に対する要請が、七世紀後半を通じて持続していたことが判明する。

　このような状況と合わせ、天武朝に「三綱律師」(朱鳥元年正月庚戌・六月甲申)、「和上」(同年六月甲申)など、授戒の師を思わせる職名の見えることから、少なくともこのころには、授戒制度が定まり機能していたと考える研究者も出てきている。[6]しかしその根拠は、いまのところ大化の十師を含め、こうした職名の存在が主要なもので、それ以上の史料があるわけではない。たとえ授戒の制度が整えられていったとしても、それが十分な実態を備えていたかどうかは、不明というべきであろう。制度はあっても十全に機能していなかったのではないかという疑いは、僧尼の出家年齢からも肯定できる。先にふれた善信尼らにしても、『日本書紀』ないし『元興寺縁起』の記述からすると、二十歳未満で授戒したことはまちがいない。周知のとおり四分律では、二十歳未満の受戒は十六遮の一つに数えられ(四分律)、具足戒は二十歳になってはじめて授けられる定めである。百済で受戒したといっても、善信尼らが正式な尼でなかったことは明らかであろう。このような例が、仏教伝来の初期における特例でなかったことは、中臣鎌足の息、定恵が、十一歳で留学僧として渡唐していることからもうかがわれる(『家伝』貞慧伝)。授戒といいながら、菩薩戒や沙弥・沙弥尼戒であった可能性すら考えられるかもしれない。そもそも、もし七世紀末の段階で、内実を伴う制度が機能していたならば、天平期に顕在化する伝戒師招請の動きや、日本には真の戒律が伝わっていないという当時の認識も、理解しにくくなることはまちがいない。鎌倉時代の学僧凝然は、『日本書紀』に数多く見える僧尼が、如法の受戒儀式を経たものではなく、四分律は請来されていても、読披する人がなかったと述べたが(『三国仏法伝通縁起』巻下)、その根拠は挙げていないものの、それが実態であった可能性は極めて高いと考えられる。

　もっともこうした状況は、ある程度恒常的なものであったから、八世紀前半になって戒師の招請が具体化したについては、やはりそれに踏み切らせた直接の動機があったはずであろう。いまにわかにこれを確定することはむずかしいが、養老二年(七一八)に遣唐留学から帰り、当時の政界にも大きな影響力を持ったとみられる道慈の意見などが、あるいは作用しているかもしれない。道慈の卒伝(『続日本紀』天平十六年十月)によれば、彼は唐から帰朝の後、『愚志』を著して、日本の仏教の規範が、僧俗を問わず、唐の法則から外れていることを論じたというが、そこには戒律をめぐる問題も、当然含まれていたと考えるべきであろう。帰国後しばらく、道慈は興福寺に住したが、[7]戒師招請に当たった栄叡や普照が、興福寺僧であったことも思い合わされる。[8]また、養老から神亀年間にかけて、行基とその集団による布教活動が盛んになり、律令政府にとって、僧尼の統制が改めて課題となったことも、問題意識を高めたに違いない。

以上のような情勢のもと、最終的に鑑真への渡日要請がなされたのであるが、鑑真がそれを受諾した主な理由は、勿論栄叡・普照らによる懇請にあったに相違ない。しかし、それと併せて、慧思転生伝説の影響も相当な要因として評価すべきであろう。天台宗の高僧慧思が、東方に転生して法を説いているという伝説は、今日から見れば非合理極まりないが、鑑真が天台の学統に連なる僧であり、留学僧から聖徳太子の存在を知らされたこと（『唐大和上東征伝』。以下、『東征伝』と略称）を考慮すれば、それが渡日を決意させる大きな要因になったとして不思議はない。従来、聖徳太子が慧思の転生とする説は、鑑真一行の来日によって形成されたとするのが一般的であったが、かつて論じたとおり、道慈が唐で慧思の倭国への転生説を知り、聖徳太子に結びつけた可能性は少なくない(9)。栄叡・普照が大明寺で鑑真に会見した際、聖徳太子の事績に言及したのも、偶然ではなかったと見るべきであろう。

二　東大寺戒壇の形状

結局、日本における正式な受戒と律の実践は、鑑真の来日を俟って初めて実現したわけであるが、その拠点となったのが、いうまでもなく東大寺に建設された戒壇院であった。来日早々の天平勝宝六年（七五六）四月、東大寺大仏殿の前に特設された戒壇で、鑑真による聖武天皇らへの授戒が行われるが、その戒壇の土を移して、大仏殿西方の現在地に戒壇院が営まれたという。戒壇のある戒壇堂を中心に、背後に講堂、食堂、僧房を置き、周囲を回廊が巡って、南正面に中門が開く形であったと推定されている(10)。この戒壇堂内の戒壇に関しては、鑑真の法系から見て、道宣の『関中創立戒壇図経』（以下『戒壇図経』と略称）に見える形制が模範となったと考えられるが、従来の説に疑問がないわけではなかった。即ち第二次大戦後の研究として、一つの基準となるのが村田治郎氏の研究であるが、村田氏による道宣の戒壇の復原には、問題が少なくない。

それについては別稿(11)に詳しく論じたので、ここではかいつまんで述べるに止めるが、道宣の戒壇を考えるに当たって重要なのは、想念と現実の区別があいまいな『戒壇図経』の記述から復原するのみではなく、『戒壇図経』撰述の契機となり、『戒壇図経』にも言及されている浄業寺の戒壇を参考とすることである。乾封二年（六六七）に長安南郊に造営された浄業寺戒壇については、『戒壇図経』末尾に載せられた釈無行の「戒壇舎利賛」（全体討論会史料2、一一〇頁）から、釈迦・多宝の二仏が安置されていたことが推定されるが、それは『戒壇図経』にいう三重の壇の上に、多宝塔を設けて納められていたのであろう。『戒壇図経』にみえる授戒の儀礼では、壇上の仏前で十師らが拝礼するとあるのが、それを傍証する。また先の「戒壇舎利賛」や、これと並んで『戒壇図経』に引かれた「戒壇之銘」と「戒壇仏舎利之銘」によって、戒壇に仏舎利が埋納され、戒壇そのものが塔に擬されたこともわかる。道宣の戒壇には、全体として仏の前で受戒し仏に誓うという意義がこめられていたと考えてよかろう。

東大寺の戒壇は、右にみた道宣の戒壇とよく類似する。壇は三重であり、奈良朝の制作と考えられる釈迦・多宝二仏の金銅像が伝来しているところからすれば、形制は異なるかも知れないが、創建当初にも現在と同様、多宝塔が壇中央に安置されていたとみてよい。『七大寺巡礼私記』東大寺戒壇院の条に「六重金銅塔〈高一丈五尺許、堂中心に置く〉」（括弧内は双行注の文）とあるのが、それに当たろう。仏舎利の存在については全く史料を欠くが、上記の類似を踏まえると、何らかの形で祭られていたと考えるべきである[12]。

なお、戒壇院の創建に先立ち、天平勝宝六年（七五四）に聖武太上天皇らへ授戒されたときは、大仏殿前庭に設けられた戒壇で行われている。これは応急のことでもあり、真田尊光氏の説かれたとおり、梵網経の所説に基づいて、盧舎那仏の前での授戒が選ばれたのであろう[13]。また、同年十月に完成した戒壇院の戒壇堂には、『東大寺要録』巻四によると、新訳華厳経三部、旧訳華厳経一部を納めた絵厨子が置かれていた。これは律との関わりというよりも、東大寺本尊盧舎那仏との関係で理解されるべきものであろう。

三　戒壇院での律教習

東大寺戒壇院は、いうまでもなく授戒のための施設として設けられたが、授戒のみが目的であったとはいえない。それは三面僧房や食堂を備えていたことからも想像がつこう。戒壇院で活動する鑑真と弟子僧たちは、院の北側に設けられた唐禅院を住坊とした。僧房は、授戒を行う際、戒和上をはじめ、十師らの住坊になったというが、それだけのためとしては規模が大きすぎる。具足戒を受けた僧は、二五〇の戒を守るよう定められていたが、内容は集団生活の万般に亘る極めて細かいものであった。従ってその実践には、これをよく知る人の指導の下、集団生活を体験することが不可欠のはずである。戒壇院に僧房や食堂が付設されているのは理由のあることで、戒壇院は授戒の場であると同時に、授戒した者を止住させ、集団生活を通じて訓練、修養させる教育機能を持っていたと考えねばならない。この点は、従来あまり注目されてこなかったが、日本における戒律の受容を考える上に、ゆるがせにできない問題である。

しかし、戒壇院での教習の実態に関しては、全く史料が残っておらず、不明という他はない。ただそれをうかがう手がかりが皆無かといえば、そうではない。たとえば鑑真の高足で、鑑真が唐招提寺に移ったあと、東大寺戒壇院の戒和上となった法進（七〇九～七七八）の著作は、教習の具体相を考える参考となるのではなかろうか。鑑真が自己の著作を全く残さなかったのに対し（『医心方』所引『鑑真方』は後人の撰集か）、法進には二つの著作が知られている。一つが『沙弥十戒并威儀経疏』五巻（『日本大蔵経』）、もう一つが『梵網経注』六巻である。ただ、『梵網経注』六巻のほうはすでに散逸して、部分的な引用が凝然の『梵網戒本疏日珠鈔』（大正蔵）に残るだけである。

まず全文の伝わる『沙弥十戒并威儀経疏』であるが、これは訳者未詳の『沙弥十戒并威儀』の注釈で、鑑真在世中の天平宝字五年（七六一）一月から四月の間に撰述された。『沙弥十戒并威儀』は仏の教説ではないので、本来「経」と呼ぶには当たらないが、いま通称に従う。内容は、題名どおり、沙弥の守るべき十戒と作法を詳しく解説したものである。これをみると、日常の規範を説き教えたり、日唐の習俗の違いを比較して論ずるなど、時に瑣末ともいえる事柄に細々と注を加えていて、かえってそれが興味深い。その例の二、三を抜き出せば①〜④のようである（①〜⑤は引用に際し句点を訂した）。

①は「歌」を説明するに当たり、和語の「うた」であることを述べるだけでなく、一例として、「日々風光異なり、年々人老却す。知らず桃李の樹、更に幾年の春を得む」を挙げる。劉希夷の有名な詩に類似するが、こちらは当時巷間に流行していた歌詞を、法進が記憶のままに引いたものであろう。唐代の俗文学の資料として貴重である。

②は厠での作法とその注であって、厠に入るには、厠神を驚かさないよう指を鳴らせ、力を損ずるので、あまり息んではならない、陰部を見るのは、よくない知らせを招く、排泄物を処理するための灰を弄ぶな、と細かい指示がある。

③は師と連だって行くとき、間隔を六尺取れといい、もし足跡を踏めば、師を軽んじることになるとする。

④は目上の人に会うとき、履物を脱ぐのが礼儀に適うかどうかを、西方の国々と唐・日本を対比して述べる。唐・日本では裸足になるのはかえって無礼であり、袜（くつした）を取るのもよくないとしている。

いずれも懇切な指導振りであり、海外の事情に暗い日本の沙弥を導くのに、特別な配慮がなされているのをみることができる。出家としての本格的な生活がどのようであるべきかは、こうした細部にわたる教えなくしては、理解不能であったといわなければならない。なお、法進が、自らの持てるものを惜しみなく日本の弟子たちに伝えようとしたことは、同じ『沙弥十戒幷威儀経疏』の⑤からも知られよう。文中、「大師」は天台大師、「法華経玄疏」はその著作『法華玄義』である。原文の「六巻本末四巻未至」とは「六巻本なり。末の四巻は未だ至らず」で、『禅門』十巻の内、終りの四巻が舶載されておらず、六巻本であることを述べているのであろう。鑑真一行の来日が天台宗の流伝にも大きな役割を果たしたことは有名であるが（例えば安藤更生『鑑真』〔人物叢書〕二一八頁）、天台の注疏類を希望者に隔てなく与えようとする法進の配慮が、よくうかがわれる一節である。法進以外に『沙弥十戒幷威儀経』を注釈した人物は知られないが、このように初歩的な作法書に注釈を加えることは、中国ではもとより不必要で、来日した法進が日本の実情を知り、始めてその必要性を痛感して筆を執ったと考えるべきであろう。

法進が日唐の仏教界の違いを説き聞かせるのに熱心であったことは、『梵網経注』の逸文（⑥〜⑨）にも表れている（引用に際し句点の誤りや誤写を訂した）。たとえば出家者が君主に拝礼すべきかどうかは、終始中国の仏教史における重要な問題であったが、⑥では出家者の優位を述べて原則を示す。また⑦は、夏安居が本来インドの気候風土に根ざした行事であったことを明らかにしている。ただ、逸文の残存状況にも依ろうが、『梵網経注』逸文の場合は、唐の風俗にまつわる記述が詳細で、本筋の教理や礼法との関連を離れて興味深い。一例として、⑧には力比べの遊びともいうべき擲石の起源説話と、その地理的舞台が説かれ、それは法進がもと申州羅山県の西、鐘山県の東南の地域に住していたために知ったのだと説明されている。法進の出身地をうかがえる史料として利用されることはあるが、[14] 擲石の解説も類のない貴重なものである。

これに続く投壷の記事はさらに意義深い。投壷に関しては、奈良時代の道具が正倉院に残り、遊戯法への関心も古くから存在した。[15]

①
歌音者。唐人号為二唱歌一。亦云二言声一。亦喉声。日本呼為二鄔《ウ》太《タ》一也。依レ文宣唱。名レ之曰レ歌。屈曲美妙。喉声弁功。故云レ音也。歌詞云。日日風光異。年年老二却人一。不レ知桃李樹。更得二幾年春一。

（『沙弥十戒幷威儀経疏』巻二）

経 ②
五。已至上復三弾指者。
謂恐畏レ驚二触厠神一致レ使二再三警覚一也。
経 六。不レ得二大咽一者。
謂出入大便。徐徐放下。勿レ使下大咽於見反。令二其面一赤上。百毛孔開。人多失レ力。身虚労損。都由二於此一也。
経 七。不レ得二低頭視レ陰者。
謂視レ陰得二不応之吉(告カ)一也。
経 八。不レ得レ弄二灰土一者。
謂澆浄灰土。常須二添満一。故意弄損。不二復堪レ用也。

（同前巻四）

経 ③
五。不レ得レ躡レ跡者。
謂行住事レ師。意恒恭謹。往来譲レ路。偏倚二道傍一。従レ師而行。相去六尺。師住言説。須レ離二七尺一。倶有二儀則一。依レ教行レ之。若躡レ女渉反。方言云レ登也。広雅云。履也。行也。跡軽レ師。仏制不レ許。

（同前巻四）

経 ④
二。当レ脱二草屣一者。
謂人義士風。随レ処各別。西方ノ道俗。礼教全殊。遇二値上人一。草屣尽脱。跣足施レ拝。乃是慇懃。唐国日本。則不レ如レ是。謙謙君子。衣尚裏長。沙弥威儀。遂二時之美一。見レ人脱レ袜。全是相軽。

（同前巻五）

⑤
其大師法華経玄疏二十巻。大止観十巻。四教十二巻。禅門十巻。六巻本。末四巻未レ至。行法華懺法一巻。小止観一巻。六妙門一巻。並法進ノ辺有レ本。楽レ欲レ学者。可二来取レ本写レ之流通一。

（同前巻五）

⑥
経。出家人法。不向国王礼拝者。法進註云。出家之人。形乖常服。福田事重。豈疋凡流。法服相似仏衣。正行由同羅漢。国王雖居尊位。未超塵累之階。乍可用心礼僧。不合受比丘跪拝。若是在家菩薩。相同俗儀。礼拝尊親主

（『梵網戒本疏日珠鈔』巻四八）

⑦
故進云。結夏安居者。西国夏月。僧多遊履。踏損虫蟻。招世譏嫌。仏因此故。制安居法。要期此住。故曰安居。此約出家人。故若準如意輪二味経。三賢菩薩。同声聞律法已上

（同前巻四三）

⑧ 進云。擲石者。時人云。擲梁云過反如大唐。前周末有孔子弟子鐘葵共子路。二人共闘擲石。両頭相去五里。中間仍隔一高山。竪石高一丈五尺。闊一丈二尺。両人手各捉一石。闊六尺。厚四尺。尽力擲之。鐘葵石者。西竪石東南角一片墮地。子路擲者一丈五尺。不到竪石処所。此二人相共角闘力処者。今乃現在准南道。法進本住申州羅山縣西。鐘山縣東南界也已上

進云。投壺者。案投壺経。太子洗馬上官儀集。壺頸長七寸。口径二寸半。腹長五寸。径長九寸已上。容五升。箭長九膚。壺去人坐処二矢半。右出曲礼投壺篇。其尺用古姫周尺。当今十寸尺有八寸。分亦如之。礼。箭室中五膚。堂上七膚。庭中九膚。今者堂室庭中。皆以九膚。同共用之。鄭玄注礼記。一膚相云四指。右出大戴礼。壺底去口一尺。其下有伏笴。籌長一尺二寸。右出東晋少卿虞潭藝経。上魚制反。蒔也。箭有十二。馬三。壺検如燕尾。右出西晋襄城太守郝冲投壺道。初箭三貴先知。次箭二尙相續。馬頭十二箭內立両馬頭。名為大師。馬頭算頭。能貴其善。将散箭一籌。以無別功驕七籌。躍壺入手。還安於壺。終要於壺。然後為得百躍。不安。猶為無算。若躍於検口。還安於壺中。乃依常驕無算。後異算。若躍於壺口。安入検中。卽驕数能多則依驕算。少則論劔箭之狭変。他皆倣此。倚算。入不造壺底。如倚算形。帯剣十二。入両辺小管。豹尾十五。正倚壺後。如前算状。狼壺十六。圍転匝壺。如倚算状。龍首十八。枕壺検正。如前算。横壺三十。正横口上。未箭三重。其令終投壺箭。有一十三名。已上者是倒入成都。前入壺口。因躍倒入。既非恒制。特許成。都合一百二十籌為一都。右出梁中書侍郎周顆投壺経。一都立一馬。三馬止。右出梁簡文帝太子簫〔蕭〕綱投壺経。謹安郝冲投壺道三百六十籌。立一馬成都。然則一千八百籌。始成一都。近投壺。不能令及。故用周顆一百二十籌。成一都。毎一都之一馬而止。以分勝負焉。投壺之法。其義如是。然晋候邑国。釁超投壺。菩薩用斯戯法。深妨修道善業也已上

（同前巻四三）

⑨ 大火所焼者。六。明火発難。人住近山。頻遭野火。聚落隘閙。多被夜焼。火発人力不加此事。務従斟酌。亦如大唐楊(ママ)州。往年人民。夜同失火。焼其市井。有呉章富人。為大廓主。資財無数。火発来焼。(臨)臨北風吹火向南。欲上屋上。廊主合掌。告十方諸仏賢聖。伏乞平安。若其不焼損廊者。明日卽設千僧大斉〔斎〕。報賢聖恩。発願亦了。風吹大廻向北。廊舎無損。是知。仏法僧力。不可思議。一夜営其供施。天明便供養一千僧也。大火所標者。七。明水厄難。人家居住。多近江河海岸。而水盈溢。漂損者多。毎年発願。設供乞其加被。当年決定。勉其災難。黒風所吹乃至講説此経律者。八。明羅刹難。船之与舫。有何差別。船者舟之別称。舟是船之総名。謂単小船曰舟。双大桐船。相並曰舫。江河水波浪全微。興生往来。人心無慮。大海風猛。水漲滔天。危命須臾。身遭羅刹之難。形同泡露。舜息不停。若無憑託。草命寧久。人民観之。専心念仏。仏力加被。心無怕懼。不盈月十。便達被〔彼〕岸。亦如婆斯国。大船毎年皆有一十二十。或復三十。来至大唐南海道広州興易。其舶長九十丈。広五六丈。上下高七丈。四丈入水。載三万余車物。一車載二十五石米。一舶所連〔運〕物亦無量。県主物多至岸。修福用度。不論数也。

（同前巻四六）

しかし法進の残した記述が利用された形跡は、これまで見当たらないように思われる。法進は末尾に見えるように、修道の善業を妨げるものとして、投壺を詳細に説明したのであるが、むしろこの記述は、いまは滅びた投壺の具体的な遊び方をうかがう上で看過できない史料といわねばならない。法進がここで用いたのは、初唐の上官儀が撰した『投壺経』である。この書は『新唐書』や『宋史』の芸文志などに書名を見るものの現存はしておらず、まとまった逸文として意義深い。本書は先行する投壺関係の書を引用する形で成り立っていたようで、ここに挙げられているところでも、『礼記』曲礼、同鄭玄注、東晋の虞潭の『芸経』、西晋の郝冲の『投壺道』、梁の周顒の『投壺経』、同じく梁の蕭綱の『投壺経』などの引用書を拾うことができる。終り近くの「謹んで安（案）ずるに」で始まる箇所は、撰者上官儀の見解を述べた部分で、本書はこうした体例を持っていたと推定してよい。ただ、この記事には、投壺の特殊な用語が登場するため、字や句読に少なからぬ誤りが生じていて、残念ながらこれを完全に読み下すことができない。

⑧のようにまとまった記述ではないが、全体討論会史料3（一一〇頁）も興味深い事実を伝える記載である。この「報恩の益を明らかにす」の注では、鑑真の没後、法進・法顒・思託・義静・法載・法成・恵雲・如宝ら、唐より付き従ってきた弟子たちが毎年会し、鑑真の忌日の法会を催してきたことが知られる。鑑真の弟子たちの間で、二派に分かれて対立があったとする説が以前からあるが、この史料は、必ずしもその見方が全面的に信じられないことを示唆するであろう。また、これに続く⑨の「火発するの難を明らかにす」では、往年、揚州で市街を焼く火災があったとき、呉章の富人が十方の諸仏と賢聖に祈ったところ、風向きが変じて焼失を免れたという話が載せられている。その年月を明らかにしないにせよ、これは揚州の歴史にとって、他では得られない一史料を提供するといえよう。

続く「羅刹の難をあきらかにす」には、船と舶の違いや、海難にあった場合の念仏の功徳が説かれ、あわせて「婆斯国」の大船に関する記述が現れている。中国の古代船についての具体的史料は極めて少ないにも拘らず、この史料に言及した研究がないことは、すでに拙著に述べた[16]。この記事の意義についても、拙著に譲りたいが、要は当時広州に来航したイスラムの外洋船が、長さ十九丈、幅五、六丈の大きさを持っていたと知られるのが重要である。長さは、原文に従うと「九、十丈」となるが、それでは船体の幅が長さに比べ著しく広くなってしまい、現実的ではない。文字が転倒したと見るべきである。

法進の『梵網経注』逸文には、言及した以外になお多くの興味深い記事があるが、多かれ少なかれ、前述のような書写の誤りを免れていない。それを正して史料として生かすため、さらに検討を続けて、いずれ発表の機会を得たいと思う。

四　唐招提寺の創建と戒壇院

東大寺戒壇院が完成して二年後、天平勝宝八歳（七五六）五月に鑑真は大僧都に任じられ（『続日本紀』）、その翌天平宝字元年（七五七）十一月には、勅があって次のような措置がとられた。

壬寅、勅すらく、備前国の墾田一百町を以て、永く東大寺唐禅院の十方衆僧供養料に施す。（『続日本紀』）

唐禅院は鑑真の住坊であるため、この墾田の施入は、鑑真とその弟子達に対する給付と受け取られそうであるが、十方衆僧供養料とあるからには、たとえその意味合いが含まれていたとしても、それだけではなかったと見なければならない。「十方衆僧」とは、あとでもふれるように、各地からやってくる僧の意であり、即ち諸地方から授戒や律の学習のため上京してきた僧を養う財源と解される。『東征伝』に、「四方より来たって戒律を学ぶ者」が衣食の心配なく逗留できるようこの措置がとられたと述べるのは、同じ意味であって、戒壇院を取り仕切る唐禅院の鑑真のもとに、田地の支配が委ねられたということであろう。

明くる年、鑑真は大僧都の任を免れて大和上の尊号を賜わり、さらに新田部親王の旧宅を与えられて、唐招提寺を創建することとなる。や『招提寺流記』などには、備前国の水田百町を賜わったのを機縁に、新たに施された旧宅と併せ、寺を建てたとしているので、唐禅院に施入されたこの田地が、鑑真の唐禅院退去にともなって、唐招提寺に移されたと見るのが一般的であった。ただ、これには早くから疑問が呈されており、鑑真個人に与えられたわけでもない田地が、唐招提寺に移されるはずはなく、のちになって唐招提寺から言い出した主張とする意見もある。[17] 東大寺に伝来した大治五年（一一三〇）三月十三日付の東大寺諸荘文書幷絵図等目録に、備前国の墾田に関する次のような文書が挙げられていることは、その傍証になりそうに見える。

一、備前国

二通、墾田百町。頗不具文也。仍不委注之。

しかし、かつて別稿で述べたとおり、この田地は『東大寺要録』巻六の封戸水田章に全く痕跡を留めていない。[18] 東大寺に権利があり、支配を目指したものであれば、ここに記事が残らないのは理解しにくい。大治の目録の記載にしても、何らかの券文があったことは確かであろうが、正文か案文か等、その信憑性について判断できる手がかりはなく、信頼できるとしても、「頗る不具の文なり」という記載からは、券文としてさほど重視されることなく伝来してきた状況がうかがえよう。東大寺と唐招提寺の間に、この田地をめぐる争論などの史料がないことなども勘案すると、年次は明らかでないとしても、鑑真の退去にともなって、この田地が唐招提寺に移管されたことは事実と認められる。

十方衆僧供養料が唐招提寺に移管されたことは、その後の戒壇院の性格を考える際に見逃すことができない。一言でいえば、それは戒壇院がそれまで持っていた、僧らを滞在させる機能が、唐招提寺に移されたことを意味するのではなかろうか。そのことをよく示すのが、「招提寺」という寺名である。豊安の『招提寺流記』には、招提寺の寺名の由来に関して次のように言っている。[19]

和上、官館を改めて以て精舎と為し、田疇を廻して以て僧供に宛つ。一如の芳訓を闡かにして、始めて恵炬を挙げ、十方の衆を招いて、悉く香饌に飽かしむ。故に号して招提と曰う。

ここに「十方の衆を招いて、悉く香饌に飽かしむ」というのが、まさに「十方衆僧供養」に当たる。「供養」は、『令義解』が営繕令第六条（在京営造）の「雑物を貯備せんは」に注して、

仮令、安居に応に供養すべき僧若干、須いん所の供弁若干の類

というように、衣食などを供給する意である。ある程度の期間、修行する僧が想定されていると考えてよかろう。その場所が「招提」であったことになる。このような「招提」の用法は、勿論中国に起源がある。『広弘明集』に見える例を左に示しておく。

今、郢州某山に於いて、十方僧の為に、招提寺を建立す。（巻二十八、梁、簡文帝「人の為に作る造寺の疏」）

この他、『梵網戒本疏日珠鈔』巻十七の「常住」「招提」をめぐる所説も参考になる。かつて「招提」を私寺の意とする解釈が流布されたことがあったが[20]、それは適当でなく、諸地域からの僧に、衣食を提供し滞在させる寺と解するのが正しいであろう。戒壇院や唐招提寺の場合、そうした滞在は、言うまでもなく律の教習のために必要であった。従って十方衆僧供養料の移管は、戒壇院が持っていた教育機能を、唐招提寺に移すことを意味したと考えられる。

そのことは、『招提寺流記』に見える唐招提寺の縁起が、戒壇院の縁起を完全に踏襲していることからも推定される。別稿に述べたとおり、『招提寺流記』の序の冒頭部分は、『東大寺要録』巻四に収められる戒壇院の記事と酷似している[21]。年代的には『東大寺要録』の記事が遅れるが、その文は単に『招提寺流記』序の転用というのではなく、おそらくその前提に古く成立した戒壇院の縁起があり、それを踏まえて『招提寺流記』序が書かれ、一方で別に『東大寺要録』が、その戒壇院の縁起を引用したのであろう。『招提寺流記』が戒壇院の縁起を利用したのは、唐招提寺側に戒壇院を継承する意識が存在したからと考えられる。

唐招提寺の伽藍計画が、規模こそ違え、東大寺のそれと類似するのも、このことと無関係ではあるまい。唐招提寺のプランに関しては、かねてから東大寺戒壇院との類似が指摘されている[22]。確かに双方は、中心堂宇（金堂、戒壇堂）に回廊が取り付き、その背後に講堂、食堂が続く点など、似たところがある。とりわけ僧房を工藤圭章氏の案によって復原するならば、その類似は一層顕著である[23]。しかし、同様な類似が東大寺そのものとの間に見出されることも看過すべきではない。むしろ唐招提寺のプランは、東大寺伽藍の縮小形と理解できるのではなかろうか。その際注目されるのは、戒壇院の位置である。唐招提寺にも、当初から戒壇が設けられていたと考えるべきことは別稿に記したが[24]、その場所は金堂の西になり、これは東大寺における戒壇院の位置とほぼ同じである。唐招提寺金堂の本尊が盧舎那仏であることも考慮に入れると、唐招提寺は、東大寺戒壇院を引き継ぐ意味を持ちつつ、東大寺伽藍を意識して造営されたと見なすべきであろう。

もっとも、唐招提寺の伽藍計画が鑑真在世中からのものという保証はない。ことに別稿で考察したとおり、三本尊を安置する金堂のプランは、如宝時代のものと考えるのが適切であろう[25]。しかし、鑑真が寺院建立を思い立った段階で、将来構想を含め、何らかの計画も

持っていなかったとするのは極めて不自然である。最初期には過渡的な段階があったとしても、東大寺伽藍の縮小形を目指すという方針は、はじめから存在したとみておかしくない。なお、唐招提寺に当初から戒壇があったと考える場合、鑑真が官の戒壇に対抗してそれを設けたとみる必要はない。唐招提寺の戒壇は、僧伽集団の合議の場として不可欠であったから設けられたのであり、ここで具足戒を授与することが目指されたわけではないであろう。従って戒壇院の機能を引き継ぐとはいっても、やはりそれは教育機能のみであったと考える。

おわりに

かくて唐招提寺の成立により、戒壇院の性格は大きな変化を蒙ったことになる。戒壇院の教育機能がなくなったわけではないかもしれないが、大幅に縮小されたことは考えておくべきであろう。しかも唐招提寺における律の教習は、天平宝字二年（七五八）八月に鑑真が僧綱の任を解かれた時、

諸寺に集まる僧尼の、戒律を学ばんと欲する者は、皆属いて習わしめよ。

と詔せられているとおり、[26]受戒した全僧尼に強制されるものではなかった。鑑真の来日によって実現された日本での正式な授戒は、律の教習という面をあいまいにしたまま、官僧の資格授与の儀礼として定着していったと言わなければならない。聖武天皇は、鑑真の来日早々、「授戒・伝律、一に和上に任す」と伝えさせたが（『東征伝』）、東大寺戒壇院は鑑真の退去以降、その内の「授戒」を行う場に特化し、資格授与の機能を優先させていったのである。

（とうの　はるゆき・奈良大学教授）

註

(1) 吉田靖雄『日本古代の菩薩と民衆』（吉川弘文館、一九八八年）第三部第三章、加藤優「興福寺と伝戒師招請」（関晃先生古稀記念会編『律令国家の構造』、吉川弘文館、一九八九年）。
(2) たとえば井上光貞『日本古代国家の研究』第二部第一章（岩波書店、一九六五年）など。
(3) 二葉憲香「仏教に対する国家統制制度の成立とその性格」（『日本古代仏教史の研究』（永田文昌堂、一九八四年）、平野不退「孝徳朝十師制の消滅事情」（日本仏教史の研究会編『木村武夫先生喜寿記念　日本仏教史の研究』、永田文昌堂、一九八六年）。
(4) 上川通夫『日本中世仏教形成史論』、校倉書房、二〇〇七年。
(5) 凝然『三国仏法伝通縁起』巻下。
(6) 註(4)に同じ。
(7) 森下和貴子「藤原寺考―律師道慈をめぐって―」（『美術史研究』二五号、一九八七年）。
(8) 加藤優註(1)論文。
(9) 拙稿「日唐交流と聖徳太子信仰」（藤善真澄編『東と西の文化交流』、関西大学出版部、二〇〇四年）。
(10) 福山敏男『奈良朝の東大寺』、高桐書院、一九四七年。
(11) 拙稿「鑑真和上と東大寺戒壇院」（『戒律文化』三号、二〇〇五年）。
(12) 同右。
(13) 真田尊光「唐招提寺創建当初の戒壇と現金堂盧舎那仏について」（『南都仏教』八七号、二〇〇六年）。
(14) 『日本古代人名辞典』第六巻、「法進」の項など。
(15) 神田喜一郎「遊戯具「投壷」について」（東方学術協会編『正倉院文化』、大八洲出版株式会社、一九四八年）。
(16) 拙著『遣唐使』、岩波新書、二〇〇七年。

(17) 福山敏男「唐招提寺の建立」（『日本建築史研究　続編』、墨水書房、一九七一年）。

(18) 拙稿「初期の唐招提寺をめぐる諸問題」（『仏教芸術』二八一号、二〇〇五年）。

(19) 『招提寺流記』については、拙稿「『招提寺流記』序の復原的研究」（『和漢比較文学』三八号、二〇〇七年）、同「『招提寺流記』資財部の復原的研究」（村重寧先生・星山晋也先生古稀記念論文集編集委員会編『日本美術史の杜』、竹林舎、二〇〇八年）参照。

(20) 安藤更生『鑑真』（人物叢書）（吉川弘文館、一九六七年）など。

(21) 拙稿「『招提寺流記』資財部の復原的研究」（註(19)前掲）。

(22) 中井雅人「唐招提寺戒壇に関する一考察」（『帝塚山大学大学院人文科学研究科紀要』二、二〇〇一年）。

(23) 工藤圭章『金堂と講堂』（奈良の寺一八）、岩波書店、一九七四年。

(24) 拙稿「『招提寺流記』資財部の復原的研究」（註(19)）。

(25) 拙稿「初期の唐招提寺をめぐる諸問題」（註(18)前掲）、同「『招提寺流記』資財部の復原的研究」（註(19)）。

(26) 詔の原文は「集諸寺僧尼」で、通常「諸寺の僧尼を集め」と読まれるが、意味が通りにくいので、仮に本文のように読んでおく。

現代に於ける東大寺の受戒について

狹川宗玄

一　東大寺戒壇院の受戒法

鑑真の伝来以来、東大寺の戒壇院に於ては、先ず三師七証、白四法（一白と三羯磨）によって具足戒を受け、比丘性を成就して四分律を随行し、更に梵網菩薩戒（十重四十八軽戒）を三聚通受の法によって受戒して菩薩比丘となる。他宗では師僧不足の時は別受（白四法）を用いないで通受だけで菩薩比丘となる。

註

①十師（**三師七証**）

1　戒和上
2　羯磨師（一白…受戒の賛否を問う。三羯磨…その賛否を三回問う）
3　教授師（あらかじめ受戒者の資格の有無を検べる）
4　証明師　七人

②『東大寺受戒会式』

延宝元年（一六七三）十一月　日、三師七証の記録あり

③三聚浄戒

摂律儀戒（悪い行為をしない）――別受（七衆別の戒）
摂善法戒（進んで善を行う）
摂衆生戒（衆生を教化しその行益の為に力を尽す）
（以上三戒）――通受
（摂益有情戒・伽師地論巻第四十）

＊摂善法戒

・戒に依り戒に住し、
・聞慧、思慧、修慧を修し、
・空閑に静黙して師長を恭敬し、
・疾患の者に悲愍の心を起こし、（中略）是の如き等を護持修習して善法戒を長養す。

（以上取意）

＊摂衆生戒

十一種あり。

一に衆生の所に諸の饒益の業を作し、悉くために伴となる。

二には衆生の已起未起病等の諸苦及び看病者、悉くために伴となる。（後略）

以上、『菩薩地持経』巻第四（大正・30・910・中〜下）

『伽師地論』巻第四十（大正・30・511・上〜下）の所説も

前書とほぼ同じ。

A　典拠

・華厳経巻第十八、十廻向品「能く自ら三種の戒法を具足す。亦衆生をして三種の戒を具せしむ。」（大正・9・513上・中）『律宗綱要』巻上（大正・74・6・中）

・菩薩地持経巻第四（大正・30・910・中）

・伽師地論巻第四十（大正・30・511・上）等

B　戒には本もと三あり。

（道宣（五九六〜六六七）『釈門帰敬儀』上（大正・45・856・中））

C　三聚浄戒と梵網菩薩戒（十重）の関係

法藏（六四三〜七一二）の『梵網経菩薩戒本疏』巻第一に依ると、

・大乗内の菩薩藏の摂なり。或は大乗聲聞藏の摂に通ず。大中聲聞を以て悉く成仏を許す。此の戒法に於て、亦受持するが故に。亦、通じて小中菩薩を収む。（大正・40・603・上）

天台は此の経戒を別円二教の菩薩の所受として全く声聞法から引き離した。

・総じては、菩薩の三聚浄戒を以て宗と為す。（大正・40・604・上）

・梵網の十重（戒）は、

一、總じて是れ律儀戒

二、此れ三聚を具す

- 十中一一不犯……………………律儀戒
- 十罪を對治する之行を以て…………摂善法
- 此の二戒を以て他の衆生を教える…………摂衆生戒

（大正・40・609・下）

④七衆と戒

1　比　丘　（男二十才以上）―二五〇戒
2　比丘尼　（女二十才以上）―三四八戒
　　（1・2）―具足戒
3　式叉摩那　（女十八才〜二十才未満）―六法戒
4　沙　弥　（男十四才(七才)〜二十才未満）
5　沙弥尼　（女十才〜十八才未満）
　　（4・5）―十戒
　　具足戒・六法戒・十戒―出家
6　優婆塞　（男、召使など）
7　優婆夷　（女、召使など）
　　（6・7）―五戒、八斎戒（六斎日）―在家

⑤戒の内容

十戒	八斎戒①	八斎戒②	五戒	六法戒	十善戒	十重戒
1 不殺生戒	○	不殺生	○	殺畜生	不殺生	殺戒
2 不盗戒	○	不偸盗	○	盗三銭	不盗	盗戒
3 不戒	○	不婬	不邪戒	摩触	不邪	婬戒
4 不妄語戒	○	不妄語	○	小妄語	不妄語	妄語戒
5 不飲酒	○	不飲酒	○	飲酒	不悪口	酤酒戒
6 香油塗身戒	○	不座高大床			不両舌	説四衆過戒
7 歌舞観聴戒	○	不着花瓔珞不香塗身			不綺語	自讃毀他戒
8 高広大床戒	○	不自歌舞作楽亦不往観聴			不貪欲	慳惜加毀戒
9 非時食戒					不恚	瞋不受悔戒
10 捉金銀宝戒					不邪見	謗三宝戒

＊八斎戒①……六斎日（八・十四・十五・二十三・二十九・三十日）の一昼夜守る在家の八つの戒
＊八斎戒②……修二会の受戒、練行衆のみ。但し、八斎戒受戒のあと、不非時食戒も受く。
＊十 善 戒……在家出家共通
＊四十八軽戒…不敬師長戒、飲酒戒、自破内法戒等

⑥具足戒

	波羅夷	僧残	不定	堕	単堕	提舎尼	衆学	滅浄	計
比丘	4	13	2	30	90	4	100	7	250
比丘尼	8	17		30	178	8	100	7	348

四波羅夷（Pārājika）破門の罪
㈠、婬戒　㈡、盗戒（四銭以上）　㈢、殺人戒　㈣、大妄語戒

⑦凝然（一二四〇〜一三二一）の東大寺の受戒観

鑑真和尚は深く天台を研究し、天台一乗の妙旨に基づき、戒壇院を立て一部大乗に通ずる四分律を弘められ（中略）五戒、八戒、梵網、三聚等の戒はすべて大乗の極味とされ、（中略）通受すれば三聚の普遍の本体を体現し、別受すれば三聚の完全の義を成ずとされた。（中略）華嚴宗の人が具足戒及び三聚淨戒を受けると十玄六相、四種法界、擧一全収、相相入、主伴具足、重々無盡、通別二円、深の戒法を成就することができる。又、三論宗の人、法相宗の人、真言行者も同じようにそれぞれこの戒を受けると、その宗の極意の戒法を成就できる。唐招提寺の豊安僧正は、その戒律宗旨に、「此の戒は或は三摩耶戒と名づけ或は金剛戒と名づけ、或は佛性戒と名づく。」と言っている。

（『三国仏法伝通縁起』巻下の取意）
（仏全一〇一・一二四・上〜一二五上）

⑧東大寺の戒壇

天平勝宝六年（七五四）四月、東大寺大仏殿前に戒壇を立て、天皇、皇后以下鑑真より菩薩戒を受く。

天平勝宝七年（七五五）大仏殿の西南に戒壇院を建つ。

戒壇は、道宣の『関中創立戒壇図経』（大正・45・807）に依って、その規模を制したという。

「所立の戒場に三重の壇有り。大乗菩薩三聚淨戒を表わす。故に第三重に於て多寶塔を安じ塔中に釋迦多寶の二佛像を安ず。一乗深妙の理智冥合之相を表わす。」

『三国仏法伝通縁起』巻下（仏全一〇一・一二四・上）

二　東大寺の受戒の現情

一、東大寺の住職以外…『出家受戒作法』に依り沙弥、沙弥尼の十戒を受く。

二、東大寺の住職…形同沙弥戒、法同沙弥戒、具足戒を受く。

1．昭和三十四年（一九五九）五月六日〜九日
（光明皇后一二〇〇年　御遠忌記念受戒会）

六　日…好相のくじ……『梵網経十重禁』一巻読誦。
七　日…受戒（形同沙弥）…八斎戒を受く。形は比丘と同じだか羯磨作法を用いない。
八　日…受戒（法同沙弥）…十戒を受く。法同とは羯磨また比丘と同じように学ぶから。
九　日…受戒（比　丘）…具足戒（二五〇戒）を受く。通受戒を受く。

2．昭和六十年（一九八五）十月二十五日〜二十八日
（大仏殿昭和大修理成満記念東大寺住職受戒会）

二十五日…好相の…『梵網経十重禁』一巻読誦
二十六日…受戒（形同沙弥）…八斎戒を受く。
二十七日…受戒（法同沙弥）…十戒を受く。
二十八日…受戒（比　丘）…具足戒（二五〇戒）を受く。
通受戒を受く。

3．修二会の受戒（次頁の註記参照）

三月一日　八斎戒を受く　但し、八斎戒受戒のあと、不非時
三月八日　〃　食戒も受く（練行衆のみ）

註記

修二会の受戒は練行衆のみで、八斎戒の外に不非時食戒も受く。なぜ不非時食を特に受けるのか。それから、元来、優婆塞、優婆夷が受ける八斎戒をなぜ練行衆が受けるのか。この二点についてわからなかった。ところが私の不勉強で、この第6回GBSの終了後、蓑輪顕量氏が『中世初期南都戒律復興の研究』（四五九―四六一頁）の中で、この問題について触れておられるのに気がついた。それまで気がつかなかった非礼をお詫びしたい。そこで、同書によって、この二点について、氏の説の要点を記したい。

まず第一点だが、道宣の『羯磨疏』（続藏一―六四―四、三六六丁左下一二―一六）の

「前の八を戒と為し、第九は是れ斎なり。即ち非時を離るるを以て斎の体と為す。（中略）故に不食に於て重ねて八戒を加う」

の説により、非時食戒が八斎戒の体であるとの説をとっておられる。

第二の点は、

(1)行法出仕の僧は清浄でなければならないが、清浄である為には、持斎がもっとも現実的である。

(2)練行衆が学侶と堂衆の混合の集団から構成されているので、双方が実際に護持できる戒律として八斎戒が誠に相応しい戒であると思われる。

（さがわ　そうげん・東大寺長老）

東大寺戒壇院創建から唐招提寺へ

平松良雄

はじめに

第六回ＧＢＳでは「日本仏教史における東大寺戒壇院」というテーマで学際的な議論が深められた。筆者は東野治之氏の「東大寺戒壇院の成立」と題した基調講演のパネラーを拝命したが、席上ではその責務を果たせなかった。本稿では東野治之氏の基調講演を受けて、考古学の立場から東大寺戒壇院の成立と展開を概見し、かつ当日提起された唐招提寺との関連について言及したい。

(一) 時期設定と年代観

建築史学の泰斗、福山敏男は東大寺の歴史について大佛殿の造営に画期を求め、創建から治承焼失までをⅠ期、建久の再建から永禄の焼失までをⅡ期とした(1)。このように建築物の建立と焼失に画期を見いだすのは、建築部材の一部である瓦を研究対象とするにしても大いに有効な概念である。またこの概念を敷衍すれば、永禄焼失以降現在に至るまでをⅢ期とすることができる。

さらに東大寺創建については非常に複雑な過程を経ており、現在の地に固定される以前から同地には諸寺院が建立されていたことが先行研究で明らかにされている。このような東大寺成立史の重要性を考慮すると、Ⅰ期以前の期間も看過できない。そこでⅠ期以前を０期とした時期区分を示す(2)。

以上のような時期区分を行った上で、今回は戒壇院の成立過程について遺構・瓦を素材として検討してゆく。同時に戒壇院の地での変遷過程を捉える。

古代瓦の年代観は奈良文化財研究所の設定した年代観に従っている。瓦の型式についても同様で、同研究所が設定した四桁数字とアルファベットの組合せに従っている(3)。ただしこの型式一覧は藤原京・平城京から出土した七、八世紀代の資料に限定されている。この型式一覧に記載されていない瓦は、東大寺、唐招提寺独自に各報告書において設定された型式番号で呼ぶ。

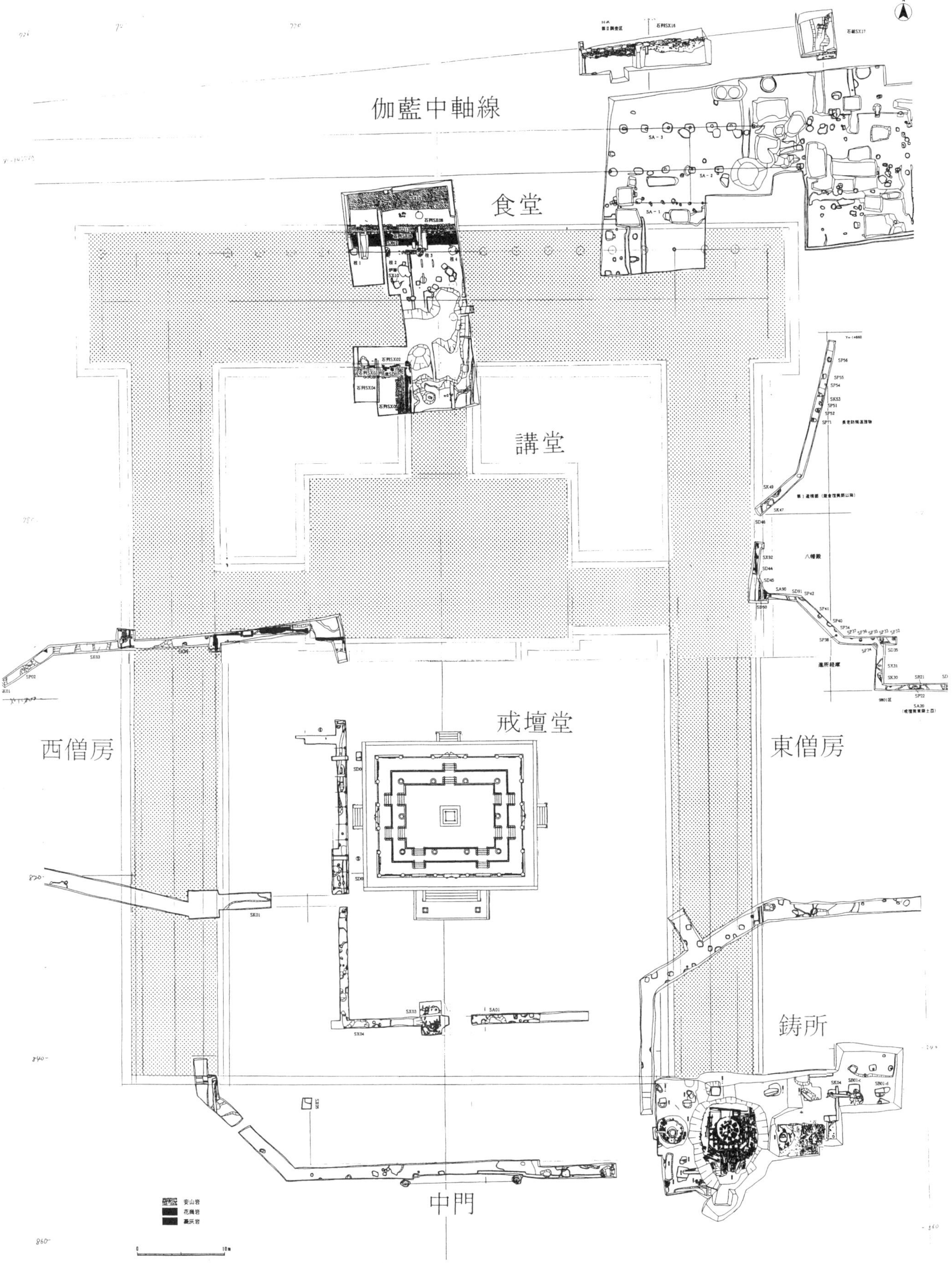

図１　東大寺戒壇院地区発掘調査地一覧・戒壇院遺構復元図（S=1/600）

一　戒壇院の復元―発掘調査成果から―

戒壇院周辺に対しては過去に一〇回ほど発掘調査が実施されている。その結果図1に示したように各遺構が検出され、ある程度の復元が可能と考えられたので、その作業を行った。一部完全に公表されていない資料が含まれているので、不完全さは否めない。

各遺構は基本的にはⅡ-b期のものを中心としている。しかしⅡ期遺構はⅠ期遺構に余り手を加えず再利用しているので、Ⅰ期遺構を推定するに足る資料が多い。この中でも講堂基壇の残りは比較的良好であった。金堂（戒壇堂）基壇については第Ⅲ期に削平されたものとみられ、検出されなかった。

食堂については発掘調査の結果Ⅱ-b期の造営時に大きく改作されたことが明らかにされている。それを遡る遺構は既に破壊されていた。[4]この遺構は『戒壇院古図』に表された建物と一致するものと考えられるが、遺構全体像を復元するには至っていない。また食堂の北側には奈良時代バラス面が展開していたほか、瓦礫による舗装が見られた。建物の基壇周りはⅡ期に改修されていた。鎌倉復興期の再建方針としては建築平面は変更されなかった。しかし上部構造は大佛様を採用することによって、建築構造自体が大きく変化した。結果、地表に残された部分としては例えば軒の出が大きくなることによって雨落ちが移動した。これらの変更点がⅡ期に改修された遺構に反映されたと考えられる。

東大寺Ⅰ期の戒壇院については福山が復元案を提示している。[5]東大寺Ⅱ期の平面形態は史料・境内の発掘調査成果によれば、Ⅰ期形態を踏襲しており、ほとんど異動がないことが明らかである。従ってⅡ期＝Ⅰ期遺構という図式が成立する。先述したように発掘調査ではⅡ期遺構が検出されており、ほぼ東大寺Ⅰ期の平面形態を検出したとみてよい。図1のように検出遺構と復元案を比較してみたが、細部を除けばほぼ一致すると考えられる。発掘調査の結果からも福山の復元案の妥当性が窺える。食堂の形態が異なっているのは東大寺Ⅱ-b期の改変に起因すると思われる。以下には瓦の分析から造営の実態を探ってみたい。

(一)　東大寺創建前夜（東大寺0期）

東大寺0期の戒壇院の地には、先行する幾つかの施設があったことがわかっている。堀池春峰は現勧進所内の公慶堂の東南に辛國堂を比定していた。[6]辛國堂は周知のごとく、天平十六年段階には初見される寺院である。[7]『東大寺要録』や「戒壇院古図」の記載から辛國剣塚、気比・気多社が現勧進所内に推定され、それと関連する辛國堂もこの近辺に求められていた。発掘調査の結果、公慶堂の下に奈良時代の堂舎の基壇が検出された。狭小な調査だったので、堂の規模など不明な点も多いが、辛國堂の位置を特定することができ、[8]堀池説の精度が保証された結果となった。

辛國堂使用の候補となる軒瓦が現在までに何点か知られている。量的には決して多いとは言えないが、型式は六二八二Bb・六二八四系統・六六九一Aなどが挙げられ、平城Ⅱ-2期からⅢ-1期にかけて製作されたものである。

このうち六六九一Aは供給順序を詳細に追跡できる資料だが、出土例は残念ながら左半が残っておらず、笵傷が確認できない。顎形態は曲線顎Ⅱで、顎の幅は約九ミリと小さい。細片なので詳細な検討はできないが、天平十三年（七四一）以降の生産と考える。六二八二Bbは一定の笵傷があるので、生産年代は下がり、平城Ⅲ-1期即ち東大寺Ⅰ期に属する可能性がある。しかしこれら造東大寺司成立以前の瓦が使用されるのはストックや流用ではなく東大寺以外の寺院に用いられたと考えるのが妥当であろう。

造東大寺司の鋳所関連の遺構としては、一九九一年の発掘調査によって巨大な鋳造土坑を中心とした溶解炉・鞴座・覆屋・炭貯蔵穴などの完結した鋳造工房遺構が戒壇院南東の平坦地に建設され、さらにこれら鋳造工房を破棄して戒壇院廻廊が建築されたことが明らかになった。ここでは六〇二二Aと六六七一B（宮系興福寺軒平瓦）が出土している。

戒壇院出土の六六七一Bは直線顎なので、作笵直後ではなく、平城Ⅱ-1期頃の生産と考えられる。近年菱田哲郎は丸山西遺跡において六三〇一A—六六七一Bの組合せが成立することを指摘した(9)。これを受けて吉川真司は山房・金鐘寺の創建瓦に比定できると指摘した(10)。こちらの六六七一Bも一部に段顎を含むものの直線顎が主体である。この瓦と同型式が出土した意義は大きい(11)。辛國堂は瓦からみれば上院諸堂や丸山西遺跡（金光明寺）と全く交流が無かったわけではないとみられる。

(二) 創建期（東大寺Ⅰ期）

鑑真来朝後、東大寺境内で戒壇設立が計画された。天平勝宝六年（七五四）五月一日に戒壇院建立の宣旨が下され、翌年に完成している。しかし天平勝宝八歳（七五六）の『東大寺山堺四至図』には

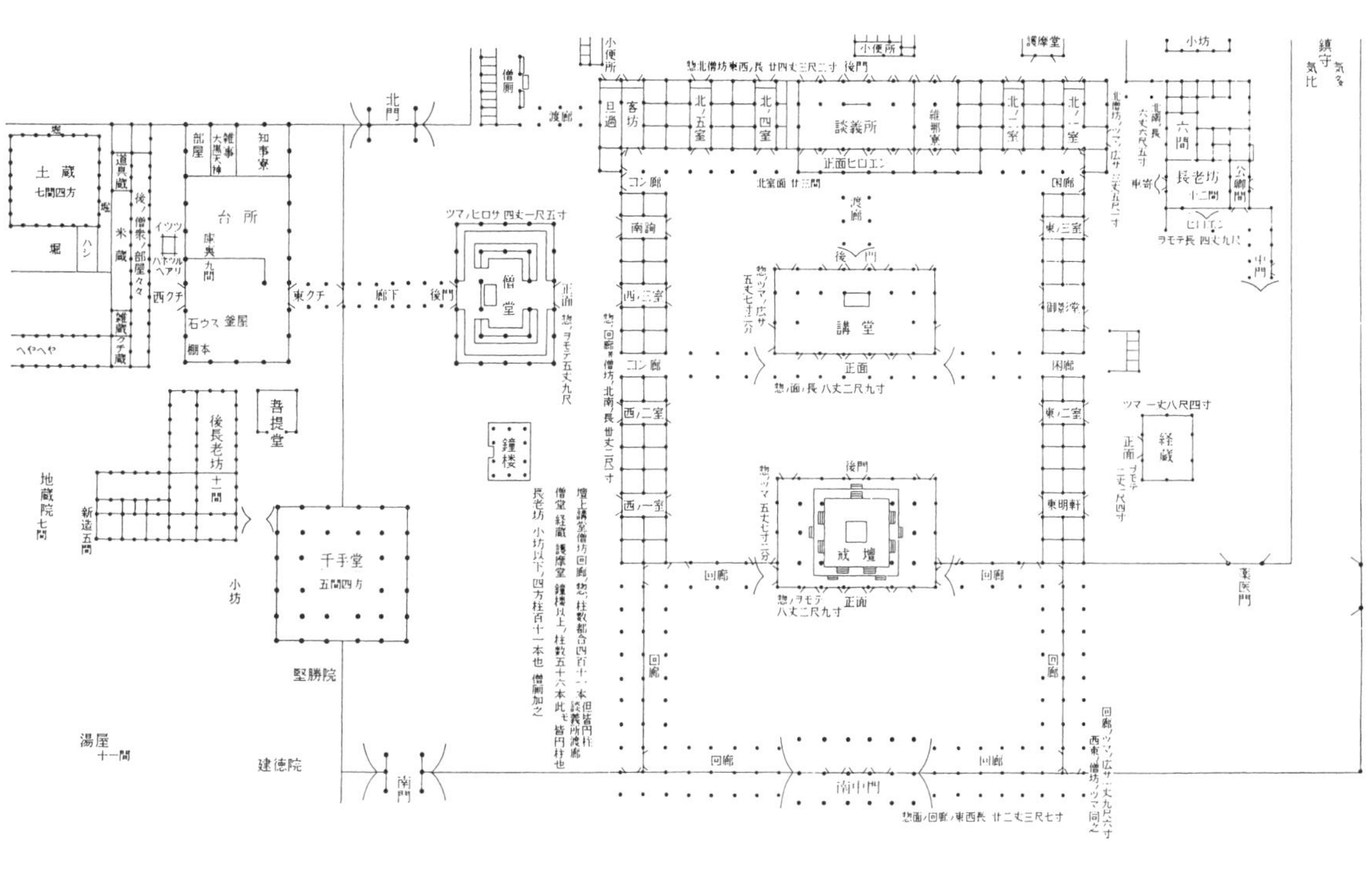

参考　「東大寺戒壇院指図」(『奈良六大寺大観』東大寺１（1970年、岩波書店）所収トレース図に拠る。一部文字を訂正した。)

図２　「東大寺戒壇院指図」［横内2008b］より転載

方形の寺地が記されるのみで、この段階でどの程度完成していたのか明らかにしがたい。しかしその造営目的から察すれば急ピッチで造営されているはずである。四至図がすべての堂舎を表現していないことも考慮の一環にいれるべきであるが、『四至図』自体に戒壇の結界を明示する意図があったかもしれない。天平宝字六年（七六二）四月の『造東大寺司解』（大日古五―一九五）には「戒壇堂受戒所」に散役を充当していることから、この段階で寺院として機能していると考えられている。創建期の戒壇院の伽藍配置は明確でないが、先学によって夙に指摘され、後に述べるように東大寺のミニチュア版とも言うべき伽藍配置が構築されていた。

東大寺Ⅰ期建築の詳細については窺い知るべくもないが、建築資材の一部の瓦について検討を加える。軒瓦は六二三五Eという東大寺式軒丸瓦の中でも古式の一群が多用されており、造東大寺司が他の堂舎よりも優先して造営した可能性がある。創建瓦としては軒丸瓦六二三四Aa、六二三五D・E・G、六三〇一Iと軒平瓦六七三二Fa・Fb・G・H・J、三三一Cの組合せが考えられる。これらをみると古式の軒丸六二三五E・G、六三〇一Iと軒平六七三二G・Fa・G・Hから後進的な軒丸瓦六二三五Dなどが確認できるので、それなりの期間をかけて造営が行われたと考えられる。特に六二三五Eは瓦当の笵傷が進行した資料も確認できる。また六二三五Eと六三〇一Iが同時に使用されているのも特徴的である。

このほか戒壇堂では量的に少ないが、六二三六Eが出土している。これは唐招提寺金堂でも使用されるが、東大寺二月堂でも使用される型式である。六二三六は造東大寺司で創成されたが、六二三五より後進的な型式と考えられている。六二三六シリーズは新薬師寺・西大寺創建瓦であり、天平宝字八年（七六四）の西大寺創建を前後して創成され、宝亀十一年（七八〇）頃まで生産された型式と考えられる。このうち六二三六Eは六二三六の中でも古式、即ち平城第Ⅳ-1期末に位置づけられる。

なお中心から外に反転する均整唐草文の系統に東大寺独自型式の軒平瓦三三一Cがある。文様はやや生硬なので、平安時代以降に位置づけられているが、製作技法や戒壇院での出土量からみれば創建の主要軒平瓦に位置づけるべきである。平城Ⅳ期からⅤ期にかけて生産されたと考えているが、いずれにせよ造東大寺司廃止以前の生産である。軒瓦の生産年代から見れば戒壇院の造営は宝亀年間頃まで継続されていた可能性がある。

平安時代に入って治承四年十二月に焼失するまでに補修・改修などの手が加えられていたと考えられる。一二五Bは東大寺境内でも散見される型式である。これは興福寺永承再建瓦として使用された型式である。興福寺は永承元年（一〇四六）一二月二四日に焼失して、同三年（一〇四八）三月二日に総供養が行われている。管見では史料中に修理等の記事が確認できないが、戒壇院に何らかの補修が加えられたと考えられる。

一方史料の上では天喜四年（一〇五六）[12]、天喜五年[13]、康平元年（一〇五八）以前[14]、嘉保三年（一〇九六）の官宣旨[15]、永久五年（一一一七）の戒壇院・講堂の改修の宣旨[16]、大治四年（一一二九）には戒壇院の築地の修理が計画されている[17]。

同時に九〇一A・九〇四Aなどの十一世紀から十二世紀の瓦も少量出土しており、今これらの修理の史実と瓦は俄に一致させられないが、各修理に対応して東大寺修理所などの手によって調達された可能性がある。

(三) 鎌倉復興期（東大寺Ⅱ期）

治承四年（一一八〇）十二月二八日、平重衡によって南都諸寺は壊滅的な打撃を蒙り、東大寺境内は一部の堂舎を除いてほぼ全焼した。東大寺の復興は養和元年（一一八七）の重源の大勧進職着任以降に本格化した。金堂以下中心伽藍の復興が優先されたようで、戒壇院の再建は長期に亘った。史料によると歴代勧進職が各堂宇ごとに再建したと考えられる。重源が建久八年（一一九七）に戒壇院金堂（受戒堂）を再建し、建長年間に造営が一段落した後文安三年（一四四六）十二月に北室から出火して焼失するまでをⅡ-a期とする。そして再度復興がなされ享徳二年（一四五三）に戒壇堂・回廊が完成し、永禄十年（一五六七）に焼失するまでをⅡ-b期と区分する。今回はⅡ-a期の造営に限定しておく。

Ⅱ-a期の戒壇院の造営過程は『東大寺造立供養記』『南無阿弥陀仏作善集』（以下、『作善集』と略）『圓照上人行状』（以下『行状』と略）などに詳しい。重源は建久八年（一一九七）四月廿四日から金堂（戒壇堂を指す）の造営に着手し、八月廿八日に完成している。『作善集』によれば「戒壇院一宇五間四面」とあり、創建当初の規模を踏襲していると考えられる。

第二代栄西は金堂廻廊と中門を再興した。第三代行勇は講堂・南方廊宇を造営した。

『行状』や『戒壇院定置』（以下『定置』と略）によれば行勇が大勧進在職中に西迎上人蓮實の尽力によって講堂・同軒廊・廻廊が造営されたとされる。講堂は八幡宮が大佛殿の西から現在の手向山に遷居する時に旧殿を移建して講堂にしたと記されている。八幡宮の遷宮は嘉禎二年（一二三六）十二月に実施されているので(18)、矛盾はない。

蓮實については『行状』『傳律圖源解集』『西迎上人行実幷讃』等にその評伝が記されている。蓮實は俗名藤原光秀という後鳥羽院の近習であったが、明恵上人に随身した。明恵の死後、文暦・嘉禎年間（一二三四〜三七）に南都（東大寺）に移住したとされる。『定置』には「依西迎上人之勧。造講堂幷東西斤《ママ》廊」とある。講堂及び東西軒廊は行勇指揮下のもと、蓮實が造営を担当したものとされる。『行状』によれば、次いで蓮實は興福寺西金堂衆の良詮に対して僧綱位昇進を中央に働きかけ、その見返りに北室（北僧房二三間分）の造営を担当させている。さらに蓮實は自力で東僧房を仁治三年（一二四二）から寛元二年（一二四四）にかけて造営した。蓮實は建長八年（一二五六）五月二九日に九四歳をもって遷化したが、『定置』によれば建長二年の段階で蓮實は圓照に実権を譲っていたようで、その期間に食堂と僧庫が再建されている。その後圓照は建長三年に戒壇院長老、正嘉二年（一二五八）には第九代大勧進職に就任し、在任中に西僧房五間分、鐘楼、千手堂などの再建を行った。ここに戒壇院の復興がようやく完成する。蓮實の業績や評価などについては既に永村真、追塩千尋や横内裕人が詳細な考察を行っているが(19)、大勧進とは別系統の勧進であると評価されている。

一方東大寺Ⅱ期の瓦については先行研究や出土例から判明している事例がある。重源の採用した万富瓦窯製品や栄西の伊良湖瓦窯製品、行勇の紀年銘軒瓦などである。しかし戒壇院地区においては万富瓦窯の軒平瓦五〇一Aは食堂付近から出土し、戒壇堂の周辺から

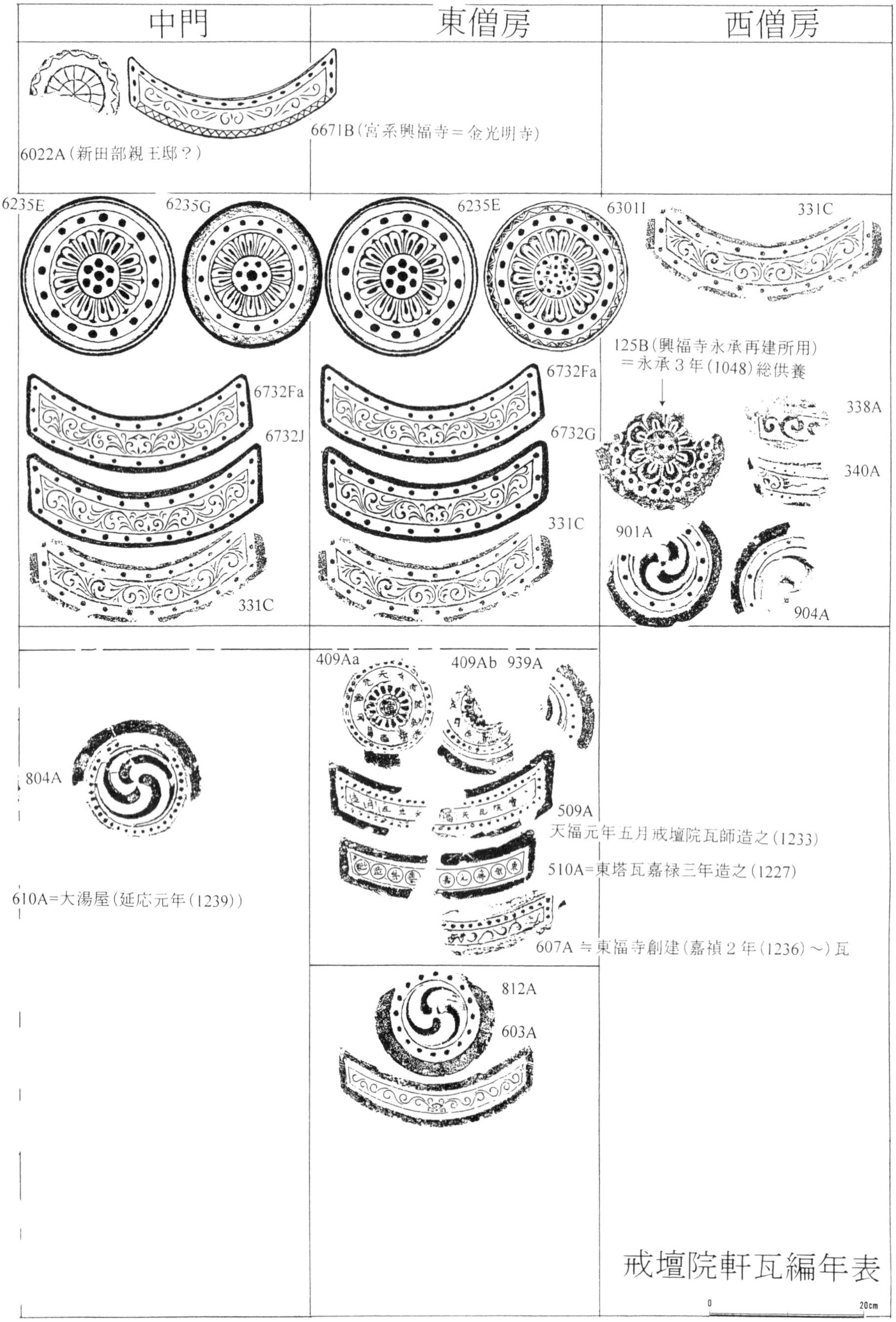
中門
東僧房
西僧房
6022A(新田部親王邸？)
6671B(宮系興福寺＝金光明寺)
6235E
6235G
6235E
6301I
331C
6732Fa
6732J
331C
6732Fa
6732G
331C
125B(興福寺永承再建所用)
＝永承３年(1048)総供養
338A
340A
901A
904A
804A
610A=大湯屋(延応元年(1239))
409Aa
409Ab
939A
509A
天福元年五月戒壇院瓦師造之(1233)
510A=東塔瓦嘉禄三年造之(1227)
607A ≒東福寺創建(嘉禎２年(1236)～)瓦
812A
603A
0
20cm

戒壇院軒瓦編年表

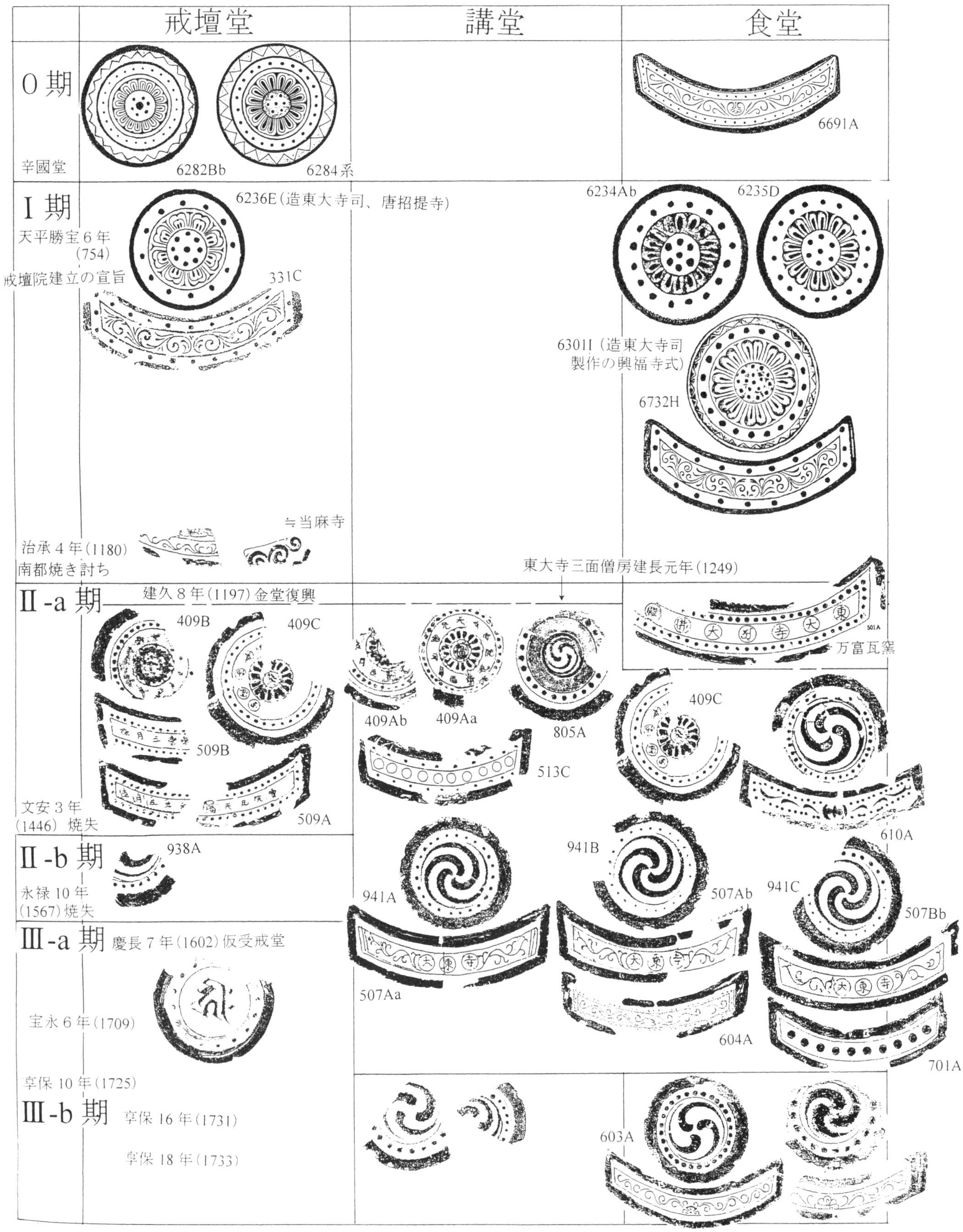
戒壇堂
講堂
食堂
0期
辛國堂
6282Bb
6284系
6691A
I期
天平勝宝6年
(754)
戒壇院建立の宣旨
6236E(造東大寺司、唐招提寺)
331C
6234Ab
6235D
6301I(造東大寺司
製作の興福寺式)
6732H
治承4年(1180)
南都焼き討ち
≒当麻寺
東大寺三面僧房建長元年(1249)
II-a期
建久8年(1197)金堂復興
409B
409C
409Ab
409Aa
805A
501A
万富瓦窯
509B
513C
409C
文安3年
(1446) 焼失
509A
610A
II-b期
938A
永禄10年
(1567)焼失
941A
941B
507Ab
941C
507Bb
III-a期
慶長7年(1602)仮受戒堂
507Aa
宝永6年(1709)
604A
701A
享保10年(1725)
III-b期
享保16年(1731)
享保18年(1733)
603A

図3　戒壇院軒瓦編年表

は現在のところ出土していない。栄西の復興に関わる瓦は抽出できなかった。行勇時代に大部分が再建されることもあるが、それに比定できる軒瓦四〇九A～C、五〇九A・B、五一〇Aの出土が目立つ。

この時期に該当する瓦で、東大寺境内では戒壇院・唐禪院以外には出土しない型式が抽出できる。戒壇院の講堂軒廊・食堂からは三巴文軒丸瓦九四一A～Cと均整唐草文軒平瓦五〇七A・B、偏行唐草文軒平瓦六〇四Aが出土している。さらに唐禅院跡から五〇七A・Bが出土している。[20]

通常個人の行動は考古遺物と単純に連結させられないが、上記したような史料から窺える蓮實の動向と軒瓦の出土傾向はほぼ一致する。歴代大勧進職が差配した瓦が抽出できる傾向からみれば、九四一A～Cと五〇七A・Bの組合せは恐らく蓮實の調達した建築資材の一部の瓦と考えてよい。蓮實が良詮に勧めて造営させた食堂はこの軒瓦の組合せで葺かれる。講堂の西軒廊でも多く使用される。

唐禅院は仁治二年（一二四一）から文永三年（一二六六）に再建されたと考えられるので、造営年代は併行する。蓮實は『西迎上人行実幷讃』によれば「唐禅院之古跡。考正方隅。造営房舎。」とあり、唐禅院の造営にも行っている。[21]従って五〇七A・Bが戒壇院のみならず、唐禅院からも出土し、かつ東大寺境内では他の子院で出土しない事象を合理的に説明できる。この型式が食堂の主要瓦であることは一見良詮が調達した瓦と考えることも可能だが、先述のように蓮實の伽藍再興の範囲と一致することから、蓮實の差配と見た方がよい。しかし一方で矛盾が無いわけではない。蓮實自身が造営を担当した東僧房では行勇の差配した組合せが目立つ。

さらに本来なら第九代の圓照の差配した軒瓦も抽出できるはずである。紀年銘軒瓦の八〇五Aなどはその可能性を持つが、今回の考察では、圓照時代の組合せの抽出にまで至らなかった。今後の課題としておきたい。

このほか戒壇院の東で鎌倉時代の瓦窯が検出されたが、そこで焼成されたのは六〇七Aである。これは東福寺創建瓦[22]と酷似することが注目される。全くの同笵ではないが、文様構成から同型式であり、極めて近しい関係にある。この瓦窯は十三世紀後半に稼働していたと考えられる。東福寺は洛東の東山山麓に藤原道家によって延応元年（一二三九）に創建された。ここでは圓爾弁圓が道家に寛元元年（一二四三）に開山に請われていることが想起される。この後の文永八年（一二七一）正月に弁圓は第十代大勧進職に着任する。

併せて注意が喚起されるのは『東大寺要録』「一、以戒壇北馬道不可用瓦屋事」の記事である。[23]この記述によれば戒壇の北の馬道即ち廻廊或いは僧房で造瓦作業が行われていたことになる。『要録』の記事の年代は明らかにできないが、少なくとも『要録』編纂の長承三年（一一三四）を下限として戒壇院周辺に造瓦施設が展開していた事を史料上から確認できる。鎌倉時代の瓦窯との関連は明らかにし得ないが、今後の検討課題である。

二　唐招提寺との関連

従来から東大寺戒壇院と唐招提寺とは相似形であって深い関連を有しているとの指摘がある。そこで、考古学的見地から東大寺戒壇院と唐招提寺の伽藍の関連について再考してみる。

（一）唐招提寺の伽藍配置

唐招提寺は右京五条二坊の地に、鑑真が天平宝字三年（七五九）八月一日に「唐律招提寺」という戒院を設けたことにより創建される。

この右京の地は故新田部親王の旧宅であった。新田部親王が天平七年（七三五）九月に薨去した後は塩焼王が伝領したと考えられる。塩焼王と弟道祖王は天平宝字元年七月の橘奈良麻呂の乱に連坐しており、この時に邸宅が没収されたと考えられている。その二年後に鑑真に賜ったが、同地に残された房舎や倉なども同時に施入された。

主要伽藍は南大門・中門・金堂・講堂・食堂が南北一直線に並び、講堂・食堂の東西に僧房が展開する。中門は金堂に接続し、塔は金堂の南東に位置し、東塔と呼ばれる。この伽藍配置は東大寺戒壇院の相似形として評価されている[24]。

（二）出土瓦の分布と使用堂舎の推定及び造営背景

唐招提寺境内に対しては現在までに十五回の発掘調査が実施され、また主要堂舎は文化財指定の建造物なので、解体修理と同時に下層遺構の発掘調査が実施されている。同時に境内各所からは様々な遺物が採集されている。今瓦だけに限定して確認してゆく。瓦の分布傾向については既に前園実知雄が検討を重ねているが[25]、今回は型式の由来や製作時期を明らかにしつつ見てゆく。

まず平城Ｉ期のなかでも平城宮造営以前に属するものが若干確認される。六三四五Ａ・六五六一Ａ・六六四一Ｃ・Ｇ・六六四六Ａなどである。このうち六五六一は久米寺瓦窯産で主として久米寺に使用されるものである。六六四一・六六四六はいずれも偏行唐草文であり、藤原宮で使用されるものである。

次いで『薬師寺縁起』によれば養老二年（七一八）に薬師寺は平城京に移転した。この時の補足瓦として採用されたのが、六三〇四Ea—六六六四Oであると考えられている。唐招提寺でも近似する六三〇四Eb—六六六四Aが出土している。薬師寺においては藤原京から平城京に移設され、その段階の補足瓦として六三〇四Eb—六六六四Aが採用されたと考えられている。六三〇四E自体は平城Ｉ-2期に生産されたと考えられるが、改笵された後、地理的にも近い唐招提寺下層建物の補修瓦として採用されたものと考えられる。従って唐招提寺の六三〇四Ebの生産年代は平城Ｉ期よりもさらに遅れてⅡ期に降る可能性があるが下限は現在のところ特定できない。この事象は新田部親王の邸宅が平城遷都以来移動していないとの前提にたつと、藤原京内にあった新田部邸が平城遷都に伴って移築された結果と理解できる。

次いで年代の確実なものは講堂前身Ⅱ期の建物に使用された六〇

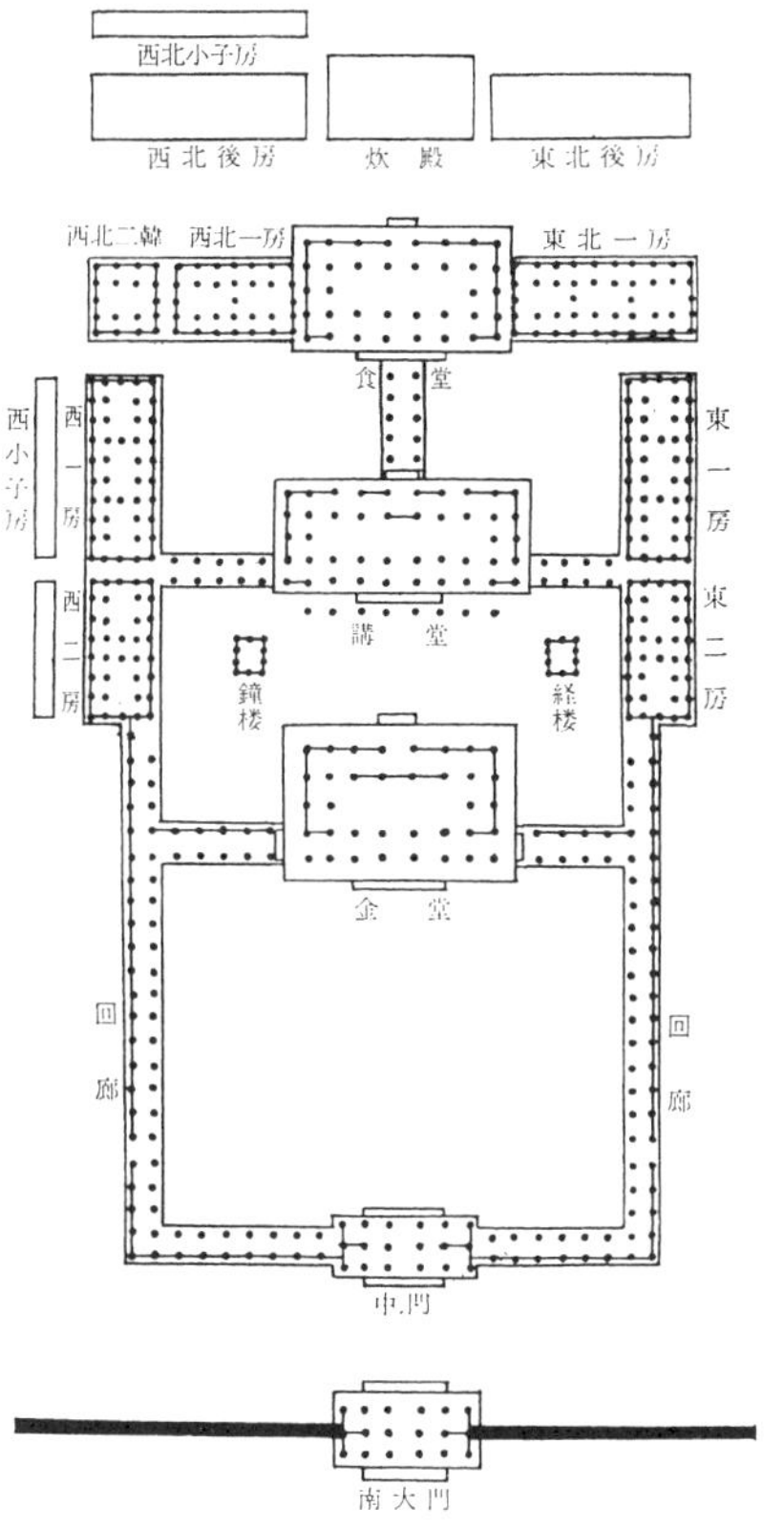

図４　唐招提寺伽藍復元図

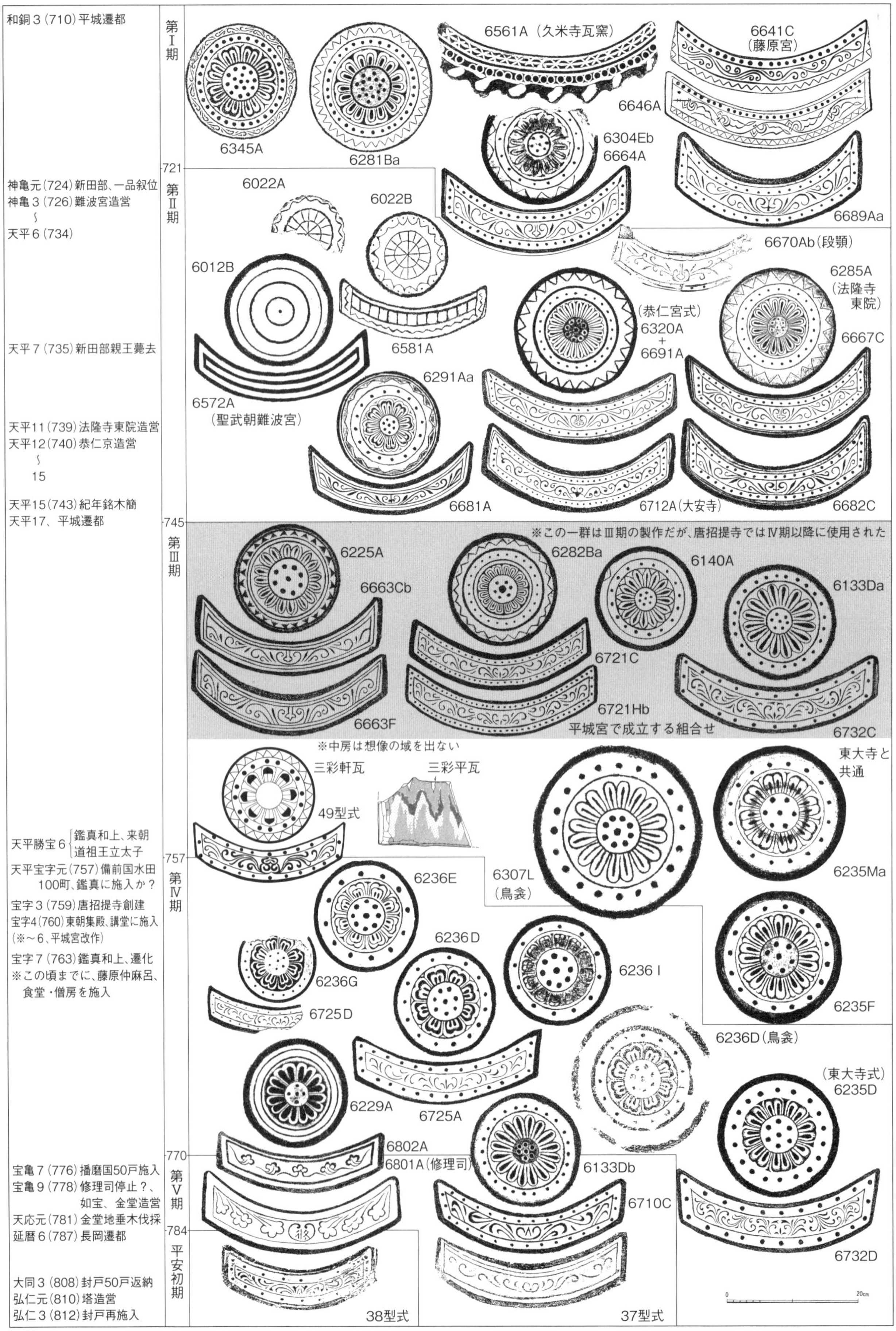

図5 唐招提寺出土軒瓦編年試案表

一二B（C・六〇一八A）―六五七二Aの組合せである。この軒瓦は聖武朝難波宮の造営時に採用されたもので、造営期間は神亀三年（七二六）から天平六年（七三四）に限定される。この軒瓦は天平十五年紀年銘木簡の頃に廃絶されるので、瓦の使用期間は短いものの矛盾はしない。しかも新田部は天平七年に薨去しているので、新田部生前の造営に際して使用された軒瓦と言える。この軒瓦は前述の難波宮のほか平城宮、東大寺に小量と、聖武の身辺に使用される特徴的な組合せである。新田部は聖武を輔弼した強力な皇族将軍であっただけに、聖武との親近度を象徴的に表していると見られる。

なお、重圏文の一バリエーションである六〇二二A・B―六五八一Aは文様の系譜が近しいことから漠然と六〇一二B―六五七二Aと同時期と考えられているが、小型瓦である上に、特に六五八一は桶巻技法で製作されており、製作技法的にみればやや先行する型式と考えた方が良かろう。

新田部亡き後、Ⅲ期に入ると塩焼王が邸宅を伝領したと想定されているが、この頃に六二八五A―六六六七C（法隆寺東院創建瓦）や六三二〇Aa―六六九一A（恭仁宮式）といった王権の造営に近い型式が採用されている。

従来から指摘されているように、講堂は朝集殿を移築されたものである。建物を移築する場合、その一部材である瓦は新調するか、あるいはそのまま移動して使用するケースが想定できる。この朝集殿の場合は後者であったと想定できる。境内出土の瓦のうち、六二二五A―六六六三Ca、六二八二Ba―六七二一C、六一三三Da（含む六一三四Ab）―六七三二Cの組合せは第二次朝堂院地区で成立している組合せであるが、これらが境内出土瓦でも確認でき、講堂の周辺に分布域が集中する傾向にある。この三つの組合せの成立は天平十七年の平城還都を契機としている。これら宮殿中枢部の瓦が塩焼王邸に使用されることは考えにくいので、やはり朝集殿移築に伴って移動したと考えるのが妥当であろう。朝集殿は天平宝字四年正月から同六年六月までの平城宮改作の期間に移建され、天平宝字七年（七六三）の鑑真遷化までに完成していたと考えられる。

この他瓦葺き堂舎の成立事情として以下の事例が史料から指摘できる。食堂は『建立縁起』によれば藤原仲麻呂がその本尊とともに施入したものであり、生前の権勢を保持している段階での施入と考えられ、天平宝字八年までに完成したと考えられる。

藤原清河は『建立縁起』によれば羂索堂と「西北二韓一宇。西僧房一宇」を施入したとされる。清河は宝亀九年（七七八）以前に唐で客死したものの、遺族によってこの前後に施入されたと考えられるが、その期間は限定できていない。

これらのケースも喜捨された建物の瓦は移築に伴って新調された可能性もあるが、瓦の分布状況からみると恐らくⅡ期の瓦が再び使用されていると考えられる。しかし特定するには至らなかった。

瓦からみればこの後もやはり幾ばくかの空白期間がある。次に成立するのはⅣ期後半からⅤ期に降る六二三六D―六七二五Aである。これは確かに唐招提寺独自の組合せであって、他の寺院では単独使用はあるが、セットは成立していない。しかし六二三六は既に指摘されているが、造東大寺司造瓦所で生産されたものである。六二三六の最古型式に位置づけられるE・Iは東大寺境内でも出土している。造東大寺司造瓦所は瓦の文様の差異や製作技法から複数の系統の工房が想定されている。六二三六シリーズは主に西大寺で使用されていることからも、造西大寺造瓦所系の工房で生産されたものとして考えられる。清野孝之は唐招提寺の独自の瓦工房の存在を認め、そこで六二三六D―六七二五Aが生産されるとともに、寺外各所に小量供給したと評価している。この唐招提寺瓦工房も広義の造東大寺司の一支所とみなすことができよう。出土傾向からは金堂他境内各所で出土するが、金堂の主要瓦として考えられる。なお最近の金堂解体修理に伴う使用材の年輪年代測定法で得られたデータから金堂造営の時期は天応元年（七八一）以降になる[26]。

先程も触れたように、唐招提寺の主要瓦は造東大寺司系の工房で生産され、また六二三五D―六七三二D、六三〇七Lなど造東大寺司造瓦所からの援助物資が出土している。このように唐招提寺の造営には瓦からみれば造東大寺司が少なからず関与していたとみるべきであろう。鑑真が東大寺唐禅院を出でて唐招提寺を創建することから考えれば、至極自然な経緯といえる。清野の指摘[27]どおり「唐招提寺の瓦工房」の存在を認めて良いかもしれない。この造瓦工房が造東大寺司の影響下にあると想定した場合、看過できない重要な事件がある。それは延暦八年（七八九）造東大寺司の廃止である。造東大寺司が廃止されてその機構をもって造東寺司が設立されるが、その一方で東大寺の造営機関として造東大寺所が発足している。このような組織解体があった状況下においても唐招提寺の造営は継続されていることは注目される。

金堂の正確な造営年代は結局のところ瓦からは断定できないが、ある程度の絞り込みは可能であろうか。六二三六Dについては比較的長期間の生産が想定されている。また六七二五Aはその文様構成が六七三二の系譜をひいていると考えざるを得ない。従って瓦笵製作はやはり造東大寺司が機能している期間に置くべきであろう。創建に関しては天平宝字三年、宝亀年間、延暦年間、弘仁年間など諸説あるが、やはり宝亀・延暦のあたりが妥当であろうか。

このほか瓦では特異な小型瓦の一群が抽出できる。防災49型式とした小型三彩軒平瓦とそれに組合う蓮華文軒丸瓦、および三彩丸・平瓦と非彩の小型瓦がセットになると考えられる。分布状況は金堂より北側の講堂周辺全域に広がっている。出土量はそれほど多くなく、裳階瓦と考えることも一概に否定はできないが、棟瓦に対応する型式が見られない。

軒丸瓦は全容を窺う個体が出土していないが、外縁には線鋸歯文が巡らされ、その内側には珠文帯、そして内区は単弁の蓮弁と子葉が配される。鋸歯文帯は無釉と黄色釉に塗り分けられ、珠文帯と蓮弁は緑釉に、蓮弁の地の部分は黄色釉に塗り分けられる華麗な軒丸である[28]。

軒平瓦は全体を復元できるまでに至っている。中央に宝相華文を配した均整唐草文で、三回反転する。外区に珠文帯を巡らす。こちらも外区と唐草部分は緑釉で、唐草の地の部分はやや淡い緑釉と使い分けて華麗に仕上げられるものである。

丸瓦については凸面に緑釉・褐色釉が塗布されたことまでは確認できるが、良好な資料がない。一方平瓦は凹面、即ち表面に緑釉を地として褐色・黄色の三種の釉で波状文が描かれる。この波状文は軒平瓦の凹面にも施釉される。古代の瑠璃瓦の典型的な例といって良いであろう。しかし軒瓦の型式、三彩波状文ともに唐招提寺以外の出土例が皆無の孤例である。平城京では三彩丸・平瓦が出土しているが、施文パターンはいわゆる鹿の子斑状である。私見では唐招提寺例は平城京例とは全く技術的系譜が異なるものと考える[29]。

前園はこれらの唐風の小型三彩瓦は鑑真将来の舎利を安置するための特殊な施設で使用されたと指摘している[30]。慧眼であるが、一方で戒壇に舎利を安置した可能性も指摘されている[31]。三彩瓦の出土傾向は金堂・講堂などの中枢に多く見られることから、やはり唐招提寺の中核となるような施設に使用されたとみるべきであろう。しかしながらその施設は短期間で廃絶されたことになる。

著者はかつて防災工事の発掘調査報告書の瓦の項を執筆する機会を与えられた。その時は唐招提寺境内から出土する瓦の型式の多さについて、「専属の造寺機関を持たぬ故に、知識による様々な物資の施入があった」と推定した。しかし今回再検討を行った結果、施入物の多彩さは肯定されるが、「専属の造寺機関を持たない」点に疑問が残る結果となった。

三　東大寺・唐招提寺の伽藍配置の比較

東大寺の伽藍配置は南大門・中門・金堂（大仏殿）・講堂が一直線に並び、講堂を囲む形で北東西に僧房が配されて三面僧房を形成する。食堂は僧房の東に配置され、中門の外に東西両塔が配置される。その一方で東大寺境内には他の子院などが展開しており、今これらを除外した部分を便宜的に中枢伽藍部と呼んでおく。

東大寺戒壇院の伽藍配置は、前章でも述べたように発掘調査で確認された遺構と福山敏男の復原案を比較した結果、福山案は妥当であると考えられる。ここでその配置を改めて確認してみると、中門・金堂（戒壇）・講堂・食堂が一直線に並び、その東西に僧房が配されるものである。塔を持たない事と三面僧房の北室に食堂の機能を持たせる事を除けば、東大寺式と言えよう。

従って厳密に言えば若干の異動はあるものの、従来から指摘されてきたように東大寺の中枢伽藍と戒壇院は相似形にあるといって良い。今東大寺中枢の伽藍と戒壇院の伽藍を復元して同一地図上にプロットしてみた（図６）。堂舎の平面の復元などの問題があって、正確な位置は反映できなかったが、おおよその傾向は観察できるものである。

戒壇院の配置は、大佛殿院から真西に主軸を約二九六m移動させ、大佛殿の軒廊と戒壇院講堂の軒廊が軸線上に一致するように意識されている。この軒廊同士は実際は一致しないが、南北軸のみならず、東西軸も一致させようとする意図の現れと考えられる[32]。今となっては鑑真が大佛面前に築いた戒壇の位置は全く不明だが、この戒壇を真西に千尺移動したとも見て取れる。東大寺内の諸子院中でもここまで大佛殿を意識した堂舎はないと思われる。形状の相似形も含めて、諸院中において格別に中枢伽藍との近似性が重要視された事の現れと見て取れる。

この様態を佐々木閑は戒律の解釈から明快に解明している[33]。即ち僧団（東大寺）の内部に界の空白地帯を設け、受戒用の小さな別界を設定しておく。この小界は立入禁止空間になる。そして受戒の時だけ臨時僧団（戒壇院）が形成される。中心の受戒用小界は戒壇と称された。

東大寺の中枢伽藍と戒壇院の関係はまさに佐々木の説くとおりに『律蔵犍度』に記された僧団と戒壇の構造を視覚的に端的に表したものに他ならない。さらにこの構造は華厳経に説かれるフラクタル

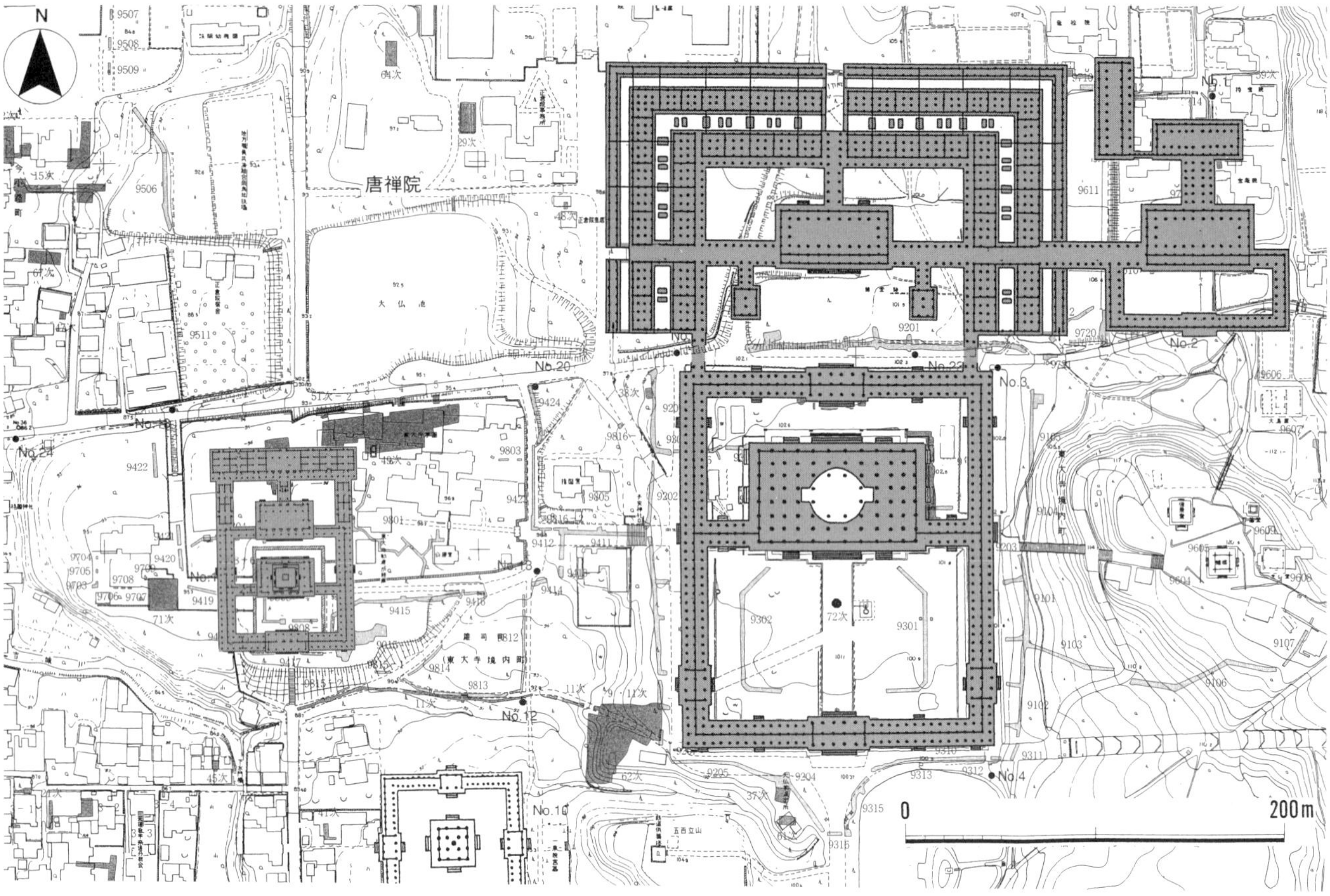

図６　東大寺伽藍配置復元図（S=1/4000）※但し厳密には一部復元図が正確でない部分もある

構造を視覚的に表すことにもなる、というのは穿ち過ぎるであろうか。

さらに結界が何時から設置されているのか不明だが、現在は江戸時代の結界の石碑が建立されて明示されている。

なお、戒壇院は鑑真来朝後に建立されたので、その伽藍配置には何らかの形で鑑真の意志が反映されているという見解がある(34)。鑑真の意志が反映されたと言うなら、僧団（東大寺中枢伽藍）と相似形によってさらにその中に内蔵される様態で設置することを望んだのではないだろうか。また律に忠実であったればこそ、戒壇院を避けて谷の北に唐禅院を設置して鑑真自らが止住したのであろう。

唐招提寺にしても同様である。伽藍配置については確かに戒壇院と共通する部分が多いが、戒壇院と共通するということは、東大寺の相似形であって大安寺で志向された双塔式伽藍配置の延長線上にある。言うなれば、国内すべての寺院に共通することになる。唐招提寺の伽藍配置は建立が計画された時点で、国内の極めて模範的な伽藍に範を採った結果ではなかろうか。このようにみれば唐招提寺＝戒壇院という図式は短絡過ぎるように感ずる。唐招提寺の伽藍配置は鑑真の寺院観の反映とみるよりはむしろ後代の意志も含めた完成形態であると考えられる(35)。

おわりに

以上東大寺戒壇院と唐招提寺の比較検討を考古学的な見地から行った。東大寺戒壇院と唐招提寺はどちらも戒壇を有する寺院としての特性は強調されてしかるべきだが、逆に普遍的な寺院としての共通項も多分に有している。東大寺式と呼ばれる伽藍配置は双塔式伽藍配置のいわば頂点であって、以後は省略され、型式的には退化してゆく。型式学的には唐招提寺はこの退化傾向にある。瓦の分析を通じて造営背景を明らかにしようと試みたが、時間の関係で通史的にはならず、戒壇院に関しては中世前半、唐招提寺に関しては古代といった限定的な時間内での検討となってしまい、雑駁な論に終始してしまった。

（ひらまつ　よしを・橿原考古学研究所主任研究員）

註

（1）〔福山一九八六〕による。

（2）0期とは、毘盧遮那佛の鋳造を聖武が恭仁京において志し、平城還都を果たした後、平城京の東、添上郡山金里の地で毘盧遮那佛を再開する天平十七年八月以前を指す。過去に筆者は何度か提示しているが、今回も改めて示しておきたい。

（3）奈良文化財研究所の設定した年代観をここに抜粋しておく。第Ⅰ-1期＝和銅元年（七〇八）～霊亀元年（七一五）、第Ⅰ-2期＝霊亀元年～養老五年（七二一）、第Ⅱ-1期＝養老五年～天平初頭（七二九）、第Ⅱ-2期＝天平初頭～天平十七年（七四五）、第Ⅲ-1期天平十七年～天平勝宝元年（七四九）、第Ⅲ-2期＝天平勝宝元年～天平勝宝年間（七五七）、第Ⅳ-1期＝天平宝字年間（七五七～七六七）、第Ⅳ-2期＝神護景雲年間（七六七～七七〇）、第Ⅴ期＝宝亀元年（七七〇）～延暦三年（七八四）、平安初期＝延暦三年～天長元年（八二四）を指す。今回はともにローマ数字で表されるため、煩雑にはなるが、冒頭に固有名称を付して使用する。型式は奈良国立文化財研究所一九九六に従って四桁数字で表す。
　また瓦の年代観・意義については〔毛利光・花谷一九九一〕が有益で、従う点が多い。

（4）〔土橋一九九七〕による。

（5）〔福山一九八六〕の第五図。

（6）〔堀池一九八〇〕、〔堀池二〇〇四〕などの著作で示唆している。

（7）『大日古』八―一九〇、『正倉院文書』天平十六年七月十二日条。

（8）辛國堂の発掘調査成果については〔平松二〇〇三〕においても言及した。

（9）〔菱田二〇〇〇〕による。

（10）〔吉川二〇〇〇〕による。

（11）東大寺境内から出土する興福寺式軒瓦についてはかつて〔平松二〇〇一〕において一度検討を行った事がある。六六七一Bは宮系であり、東大寺境内で出土する興福寺式については再検討が必要となろう。

（12）『東南院文書』222・223、天喜四年（一〇五六）十二月三十日に戒壇西廊瓦四三〇枚、戒壇金堂丑寅角　瓦三八〇枚が計上されている。

（13）『東南院文書』224天喜五年に戒壇院瓦二八〇枚（丸一〇〇枚、平一八〇枚）が計上されている。

（14）『東南院文書』225「東大寺修理所修理注進記」には康平元年（一〇五八）年十月十日以前の修理として戒壇金堂戌亥角、戒壇廊修理を挙げ、瓦二八〇枚を計上している。これは東南院文書224に計上された瓦の総数と一致しており、上記の修理内容を指している可能性が高い。

（15）『平安遺文』一三五九・一三六一。

（16）240・241永久五年（一一一七）五月七日に戒壇の修理、『平安遺文』一八七一・一八七二・一八七七など。

（17）245大治四年以降に戒壇講堂辰巳角五間が修理されている。

（18）〔堀池一九八六〕による。社殿を非瓦葺とすれば、転用後に蓮實が瓦を調達したと想定できる。

（19）〔永村一九八九〕、〔追塩二〇〇六〕、〔追塩二〇〇七〕、〔横内二〇〇八〕などがあり、参照した。史料・諸論文については横内裕人氏に御教示頂いた。

（20）〔鶴見二〇〇六〕による。

（21）『西迎上人行実弁讃』による。〔進藤一九七一〕において翻刻されている。実見にあたっては東大寺図書館・坂東俊彦氏にお世話になった。

（22）〔長谷川一九九〇〕による。

（23）『東大寺要録』巻四「諸會章第五　戒壇院」。

（24）〔工藤一九六七〕では、唐招提寺建立にあたって戒壇院の配置を模したのではないかと指摘している。

（25）〔奈良県教委一九九五〕〔前園二〇〇三〕、〔前園二〇〇五〕など。

（26）〔植田・山下二〇〇五〕において分析データが公表された。

(27)〔清野二〇〇五〕。

(28) 三彩蓮華文軒丸瓦は『唐招提寺防災施設工事・発掘調査報告』後、類例が増加したわけではないが、今回敢えて復元案を提示した。中房部については窺い知れる破片の出土がないので、今後の調査成果に期待したい。

(29) 三彩平瓦の施文パターンの比較については〔平松一九九八〕において検討した。詳細は拙稿を参照されたいが、平城京の出土例はいわゆる鹿の子文様といった斑状に各色を配置する。これは唐三彩の網目状文の延長上にあるが、唐招提寺の三彩平瓦は図示したごとく、各色を波状に施文する。この施文方法は現状では三彩土器では確認できないこともあり、平城京の三彩土器・瓦を生産していた官営工房とは異なった系統に属する造瓦工房で生産されたとみるべきであろう。

(30)〔前園二〇〇五〕。

(31)〔東野二〇〇五〕。

(32) なおこの東西ラインを東に延長すると四月堂を通り、法華堂に至ることも重視してよい。

(33)〔佐々木一九九九〕七二頁参照。

(34)〔真田二〇〇六〕。

(35)〔中井二〇〇二〕に部分的には賛同できる。

参考文献

植田哲司・山下秀樹　二〇〇五「唐招提寺金堂の平成大修理」『仏教芸術』二八一号　毎日新聞社

追塩千尋　二〇〇六「凝念の宗教活動について—凝念像の再検討—」『北海学園大学　人文論集』三五号

追塩千尋　二〇〇七「円照の勧進活動と浄土教・密教」『北海学園大学大学院研究科　年報　新人文学』四号

工藤圭章　一九六七「唐招提寺の造営と伽藍配置」『仏教芸術』六四号　毎日新聞社

佐伯俊源　二〇〇一「戒壇院定置」『東大寺文書を読む』思文閣出版

佐川正敏　一九九三「第Ⅴ章考察　1屋瓦　A第Ⅱ期遺構の造営瓦とその年代　ii軒平瓦6691Aの年代」『平城宮発掘調査報告XⅣ　第二次大極殿院の調査』奈良国立文化財研究所

佐々木閑　一九九九『出家とはなにか』大蔵出版

佐々木閑　二〇〇六『犀の角たち』大蔵出版

真田尊光　二〇〇六「唐招提寺創建当初の戒壇と現金堂盧舎那仏像について」『南都佛教』八七　南都佛教研究会・東大寺

進藤晋海編　一九七一『凝念大徳事績梗概』東大寺教学部

清野孝之　二〇〇五「何が動いたのか—唐招提寺金堂創建軒瓦および同笵瓦の再検討」『待兼山考古学論集—都出比呂志先生退任記念—』大阪大学考古学研究室

土橋理子　一九九七「東大寺第五一次調査（東大寺学園幼稚園）」『奈良県遺跡調査概報』一九九六年度　奈良県立橿原考古学研究所

鶴見泰寿編　二〇〇六『東大寺旧境内—唐禅院跡推定地の発掘調査—』奈良県文化財調査報告書第一一四集　奈良県立橿原考古学研究所

東野治之　二〇〇五「鑑真和上と東大寺戒壇院—受戒と舎利の関係をめぐって—」『戒律文化』第三号　戒律文化研究会

中井真人　二〇〇一「唐招提寺戒壇に関する一考察」『帝塚山大学大学院人文科学研究科紀要』第二号

永村眞　一九八九「東大寺勧進所の創設と諸活動」『中世東大寺の組織と経営』塙書房、初出は一九八〇年

奈良県教育委員会　一九九五『唐招提寺防災施設工事・発掘調査報告書』唐招提寺

奈良県教育委員会　二〇〇〇『東大寺防災施設工事・発掘調査報告書　発掘調査篇』東大寺

奈良国立文化財研究所・奈良市教育委員会　一九九六『平城京・藤原京出土軒瓦型式一覧』奈良国立文化財研究所

長谷川行孝　一九九〇『東福寺防災施設工事・発掘調査報告書』東福寺

菱田哲郎　二〇〇〇「東大寺丸山西遺跡出土の瓦について」『南都佛教』七八　南都佛教研究会・東大寺

平松良雄　一九九八「彩釉瓦塼小考—新出土例を中心に—」『橿原考古学研究所論集第十三』創立六十周年記念　吉川弘文館

平松良雄　二〇〇一「東大寺境内の6301—6671の出土傾向について」吉川真司『東大寺成立過程の研究』（平成十～十一年度科学研究費補助金（基盤研究（C）（2））研究成果報告書）

平松良雄　二〇〇三「東大寺境内の発掘調査成果—創建期の遺構を中心として—」『東大寺の歴史と教学　ザ・グレイト・ブッダシンポジウム論集第一号』東大寺

福山敏男　一九八二「東大寺大仏殿の第一期形態」『寺院建築の研究』中央公論美術出版、初出は一九五二年
福山敏男　一九八六「東大寺の規模」『新修　国分寺の研究』第一巻　吉川弘文館、初出は一九〇〇年
堀池春峰　一九八〇「金鐘寺私考」『南都仏教史の研究』（上）法蔵館　初出は一九五五年
堀池春峰　一九八六「東大寺別当次第」『新修　国分寺の研究』第一巻　吉川弘文館
堀池春峰　二〇〇四「平城京東山中の寺社」『南都仏教史の研究　遺芳篇』法蔵館、初出は一九八二年
前園実知雄　二〇〇三「出土瓦から見た唐招提寺の創建と変遷」『古代近畿と物流の考古学』学生社
前園実知雄　二〇〇五「考古学から見た唐招提寺の創建と金堂の建立」『仏教芸術』二八一号　毎日新聞社
毛利光俊彦・花谷浩　一九九一「第Ⅵ章考察　1屋瓦A平城宮・京出土軒瓦編年の再検討」『平城宮発掘調査報告XⅢ―内裏の調査Ⅱ―』奈良国立文化財研究所
横内裕人　二〇〇八ａ「新出千載家文書にみる造東大寺大勧進と鎌倉幕府」『日本中世の仏教と東アジア』塙書房、初出は二〇〇三年
横内裕人　二〇〇八ｂ「「東大寺戒壇院年中行事」に見る中世戒壇院の諸相」『日本中世の仏教と東アジア』、初出は二〇〇五年
吉川真司　一九九六「東大寺山堺四至図」『日本古代荘園図』東京大学出版会
吉川真司　二〇〇〇「東大寺の古層―東大寺丸山西遺跡考―」『南都佛教』七八　南都佛教研究会・東大寺

東大寺国際シンポジウム・全体討論会 二〇〇七年十二月二十二日
「日本仏教史における東大寺戒壇院」

司会・進行 藤善 眞澄（関西大学名誉教授）
パネラー 東野 治之（奈良大学教授）
蓑輪 顕量（愛知学院大学教授）
井上 一稔（同志社大学教授）
平松 良雄（橿原考古学研究所主任研究員）
狹川 宗玄（東大寺長老）

藤善 まず、パネラーの一人として加わっていただきました東野先生は、さきほど御紹介がありましたので、ここでは略させていただきます。

次に、狹川宗玄先生は、二百十一代東大寺別当を務められたかたでございますが、現在では東大寺長老になっておられますので、狹川長老と呼ばせていただきます。

次に、蓑輪顕量先生は、『中世初期南都戒律復興の研究』なども出されまして、戒壇並びに戒律に関係する研究をされており、たいへん御高名なかたで、愛知学院大学の文学部日本文化科学研究学科の教授でいらっしゃいます。

また、同志社大学文学部文化史学科教授の井上一稔先生は、美術史を御専門とされており、最近では、その方面の研究を続々と発表されています。蓑輪先生ともども、明日の美術史学・建築史学セクションで、あるいはパネラーのお一人として、華厳思想セクションにも加わっていただくことになっています。よろしくお願いいたします。

最後になりましたが、平松良雄先生は、橿原考古学研究所の先生でいらっしゃいます。東大寺の境内の発掘をはじめとして、当麻寺あるいは岡寺などの寺院発掘を手がけてこられました。その方面では、ほんとうに詳しいかたでいらっしゃいます。文献資料では得られない貴重な御意見が聞かれるのではないかと思っております。

では、いよいよ討論会に入らせていただきます。慣例になっておりますが、きょう貴重な御発表、御報告をいただきました東野先生、御講演でお話しできなかった部分、補足すべき点がございましたら、どうぞよろしくお願いいたします。

御清聴お願いいたします。

東野　東野でございます。最初に、言い残したことということなのですが、大筋のところは、だいたいお話ししたとおりですので、中心部分ではそれほど補うことはないのです。ただ、もうちょっと資料について説明ができたらよかったと思っていまして、それは中心テーマではありませんが、唐招提寺の戒壇があったかなかったかという問題です。

唐招提寺の寺地については、『招提寺流記』の記述（史料1）をめぐって、今までにかなり意見の対立がありました。四町の寺地を東側に広くとると、塔があるところが、最初から寺地だったことになります。しかしさきほど、西側に広がっていただろうと申しましたのは、わけがあります。『招提寺流記』に、「東、塔を限る」、「南、巷を限る」、「西、路を限る」、「北、路を限る」と書いてありますが、「路」とあるのは平城京の大路で、「巷」というのは小路、と使い分けをしているのです。南は小路に面していて、北と西が大路に面していたということで、西側が西二坊大路までだったことがわかります。塔のある部分は別院という感じで、塔が東限だと言っているのではないかと思います。

西南の門というのがありますが、この門もやはり寺地の西南の南面か西面かに、戒壇院があったことと関係があるのではないかと思います。

それから、報告レジュメに載せた『沙弥十戒威儀経疏』や『梵網経注』の諸記事には、投壷の説明をはじめいろいろな話題がありますが、一つだけ、いまの話と関係する部分で言いますと、史料3に、「聖徳王の前身、大唐の南岳に生まれ、名は恵思禅師」とあって、生まれ変わって聖徳太子になった恵思禅師が出てきます。それが、「陳朝の无常これより以来」つまり南北朝時代の陳の王朝が亡んで以来、一、二万人の人が、毎年、この日に集まって法要をしているといっています。次に、「また天台の智顗大師」と、天台大師が出てきますが、これが、聖徳王の前身の恵思禅師の弟子であるというようなことが言われていて、これらは現在から見ますと非常に不合理なので、どちらかというと、研究史の上でも軽視されて来たけれども、当時の人としては、大変重要なことだったと思います。信仰上、大きな意味があったのです。したがってもっと調べる必要もあるし、評価していく必要があるのではないのでしょうか。

藤善　ありがとうございます。蓑輪先生、総括的にでも何か御意見ございませんか。

蓑輪　はい、実は、聞かせていただいて、いろいろなところに関心を持たせていただきました。唐招提寺に移った理由というのも、最初はたいへんだから、というので移ったという感じで考えていたのですけれども、東野先生のお話を聞いて、どうもそれ以外の理由がきちんと存在するのではないかということで、そういう可能性をしっかりと考えてみる必要があるのかと思いました。

ただ、唐招提寺さんで、四、五十年たってから、唐招提寺で学ぶべき戒学の中身というのを規定している、延暦二十三年（八〇四）正月二十二日の太政官符があったと思うのですけれども、その中に、四分律宗の典籍と相部律宗の法礪の注釈書を学ぶべきだというのが出てきます。いわゆる戒律に関する勉強をする場だという意識が、強く出てくるような気がするのです。

東大寺戒壇院でも当初は、おそらく戒律の修学が行われていたのであろうと考えますと、なぜ、別に造らなければならなかったのか史料1　『招提寺流記』

寺家壱院　地肆町〈在右京五條二坊〉
　東限塔　南限巷
　西限路　北限路
　　南大門　西南門　北土門　中門

史料2　『関中創立戒壇図経』

大唐乾封二年四月朔日、荊南渚宮沙門釈無行戒壇舎利賛
余等登二趾荊岑一、捜二玄秦嶺一。承二律謨於上徳一、聞所未レ聞。
稟二清範於霊壇一、日新日損。是以、皇覚茲訓、弘レ之在レ人。
祇樹高風、幽心祥感。幸逢二嘉会一、瘞二霊骨於福壇一、玄綱
載維、想二徳鎧之非遠一、不レ勝二手舞一。景二仰神光一、敢述二
玄猷一。乃為レ賛曰、覚智円明、応レ物唯霊。非レ滅示レ滅、
無レ生現レ生。為レ人演レ法、三学開津。場壇粛穆、戒徳氤
氳。金河晦レ影、鶴樹澄レ神。能仁散レ体、多宝全レ身。奇
光昭晰、嘉瑞攸レ陳。二瑞尚在、八斛猶レ均。厥後無レ憂、
爰初啓レ信。近護分レ光、霊墳是鎮。霊墳現レ奇、震嶺標レ
基。扶風散レ彩、淮海騰レ輝。粤自二荊岫一、尋二真太一一。希
世之風、載揚二茲日一。壇模二山像一、登頓有レ秩。鎮以二遺
身一、幽誠云畢。願言遐曠、克念崇尚、識鏡澄明、心河静
浪。庶劫石之方消、覿二神珠於妙相一。

史料3　『梵網経注』逸文（凝然『梵網戒本疏日珠鈔』（巻四六所引）

四。明報恩益。父母育身。兄弟連気。身亡追福。資益魂
霊。使神識清。昇於十方浄土。受諸福楽。和上説法。灑
液七衆。使五眼而開明。闍梨教示。軌模令法。身之成立。
七七修福。未全尽心。終身説法。化人方成至孝。非但能
師僧。仏亦尽能報徳。故倶舎論客頌云。仮使頂戴経塵劫。
身為床座遍三千。若不説法度衆生。必定更無申報者。唯
有伝持正法蔵。宣揚教理施衆生。修習一念契真言。即是
真報如来者。若準大唐。父母師僧死亡者。修福極多。始
従初七乃至七七。七七已了。更有六十日断七斉。百日・
一周・二周。除祥都作十二中供養。追福報恩。若是忌日
年年設供。不曽断絶。亦如大唐寺大和上法諱鑒真。自従
宝字六年五月六日元〔无〕常至今。忌会年年不停。並是法進・
法顒・思託・義静・法載・法成・恵雲・如宝等衆多僧徒。
備擬報恩。未曽有闕。亦如聖徳王前身。生大唐南岳。名
恵思禅師。陳朝元〔无〕常従此已来。道俗常有一二万人。奉設
忌会至今未住。亦如台州智顗大師。乃是聖徳王前身思禅
師弟子。於本台州国清寺及荊州玉泉寺。両処忌辰。各有
道俗一万余人。設供追恩亦至今未絶。奉陸馳求。往来道
路。恐有危厄。各各乞願平安。毎於去時。請僧設供。来
日亦爾。奉施三宝。覆蔭重恩徳故。

という理由、最初の動機、そのあたりのところが疑問になりました。私自身は、しっかりとした理由があって、片方は受戒の機能だけにして、片方は勉強の場というふうに分けていったと考えていいのではないかと思います。けれども、何がきっかけになってそのように分けたのかということがわかってくると、おもしろいのではないかと思いました。

それから、さきほどの発表の中で、凝然さんの、『梵網経日珠鈔』の記述を見ていましたら、「投壷」という遊びが出てきていました。平安の後期だったと思いますが、藤原信西が書かれた「信西古楽図」という書があります。その「信西古楽図」は、散楽や舞楽という名前で呼ばれる芸能を伝えた資料ではないかと言われています。その中に確か「入壷の舞」というのがあったような気がいたしました。関連するのかどうかわかりませんが、『日珠鈔』という資料、もう少し、きちんと分析すべきなのかなと実感させられました。そういう意味でたいへん参考になりました。

藤善　東野先生、何か、それに対するコメントをお願いいたします。

東野　どうして東大寺戒壇院と唐招提寺の二つに分かれたのかということは、考え及んでいませんが、やはり、鑑真さんのための寺を造ることが優先しているのではないかと思うのです。それに付属して、教育的な部分をそちらでやってもらうという感じなのかと思います。

だから、少なくとも法進の在世中は、戒壇院で研修的なことが何も行われなくなったわけでないかもしれないですね。そのへんは、わりと便宜的な問題で、政策としてはっきりあったということではないかもしれません。

投壷が、『信西古楽図』にあるかどうか、私は覚えていないのですが、確か、信西が正倉院の宝物を鳥羽法皇といっしょに行って見たときに、「これは何だ」ということになって、信西が「これは投壷というものです」と説明したのではなかったですか（『本朝世紀』康治元年）。投壷は『礼記』にある遊びですから、学者だった信西はそれを知っていて、説明したのではないかと思います。

藤善　ありがとうございました。私は中国が専門なのですけれども、玄宗時代のことを書いた『開元天宝遺事』などに、この投壷の遊びが出てくるのですが、日本でもやはりそうした遊びというものが寺院で行われたということは、たいへんおもしろいと思います。先生がた、ありがとうございました。

井上先生、平松先生には、またのちほどおうかがいします。

私が準備した「中国の戒律・戒壇　概要」というのがございます。名前を呼び捨てにいたしますが、鑑真の日本到来までの中国における戒律の流れを大雑把にまとめたもので、ちょっと見ていただきたいと思います。

これまでに注目しなければいけないのは、この戒律が完成する以前の、つまり、鑑真が来られる前あたりまでの、日本の戒律をめぐる状況はどうであったのか、なぜ、戒師招請が行われなければならなかったのか、鑑真が来られてから、日本でも戒律についてあるいは戒壇のあり方について、いろいろな問題提起とか論争もあるようですが、同様の状況は、中国の南北朝時代にすでに現れていたわけです。さきほどお話がありました善信尼の問題などと同じく、だいたい南北朝の劉宋の時代には、尼の受戒をどうするかということで、大変な論争があるわけです。

戒壇の形状につきましても、中国では最初、露地戒壇といいまして、何も壇をつくらずに、結界だけを施して授戒・受戒が行われる、こういうのがだいたい流れとしてあったわけですけれども、南朝の中ごろに南林寺戒壇というものが、建康、現在の南京につくられます。この南林寺戒壇を最初として、むしろ北よりも南方の、南朝のほうに戒壇がずっと広がっていく。それが集大成されたものが、つまり東大寺戒壇のルーツとなる長安近郊の浄業寺戒壇へ結果されるという、こういう経過をたどりますので、その点をお含みいただきたいと思います。

では、東野先生の御講演に基づきまして、いろいろ討論・討議を行っていきたいと思います。

二番目の「東大寺戒壇の形状」ですが、これは東野先生の御研究に新しい見解を述べられているのですけれども、こうした形からする研究というのは、たいへん貴重なものであります。換言すれば文献学でない美術、あるいは建築、そうしたものからアプローチを試みる、あるいは、考古学のほうから意見を述べていただくというのが、たいへん大事でありますので、まず井上先生、何かございましたら、お願いいたしたいと思います。

井上　東野先生の御発表、東大寺と唐招提寺の関係というあたりは、たいへん勉強させていただいたのですけれども、きょう、コメントをさせていただくということで、資料を作ってまいりました。「東大寺金銅二仏並坐像」という写真（図1～12）を載せているものでございます。これに基づいて、少しお話をさせていただきたいと思っております。

きょうの東野先生のお話のように、東大寺には、はじめ戒壇院の上に多宝塔があったのですが、多宝塔の中に何があったかといいますと、この図1、図2でお示ししております二体の仏像が安置されていたわけです。

この像に関して、いままでは、時代が鎌倉時代に下ると言うようなことをおっしゃるかたは、もう、あまりありませんけれども、かつてこの二像は、天平期のものなのかということが疑われたことがございまして、そういうことはないということを、まず申しあげたいと思うのです。

それは、ここにお示ししております図の3、4、5、6、このへんのところが天平期のものと考えて間違いのない像でございまして、図3は東大寺さんの釈迦誕生仏、この像とは、お釈迦さまの耳の形が非常によく似ているということからもわかりますし（頭部側面を比較）、真ん丸いお顔をされていて、身体は豊かな肉付けがあって、全体的にちょっと童子のような印象を与える点が共通しています。また、この様式は、ほかの図4、5、6にも見られるわけでございます。

誕生仏ははっきりとした制作年代が、わからないのですけれども、だいたい大仏の開眼会のころにはできていたのだろうという意見が多くを占めております。もう少し詰めますと、東大寺のほうから石山寺のほうに、この誕生仏と考えられる太子像というのが運ばれているという記録が正倉院文書の中に出てまいりまして、それが、天平宝字六年、七六二年のことなのですけれども、これ以前には東大寺には誕生仏が絶対あっただろうと考えてよろしいかと思われます。

それから、この図4は、大仏殿の前にあります八角灯籠のうちの音声菩薩でありますけれども、八角灯籠も大仏開眼会のころにでき

図２　釈迦如来坐像
（『奈良六大寺大観』）

図２の頭部側面

図１　多宝如来坐像
（『奈良六大寺大観』）

図４　音声菩薩立像
（『奈良六大寺大観』）

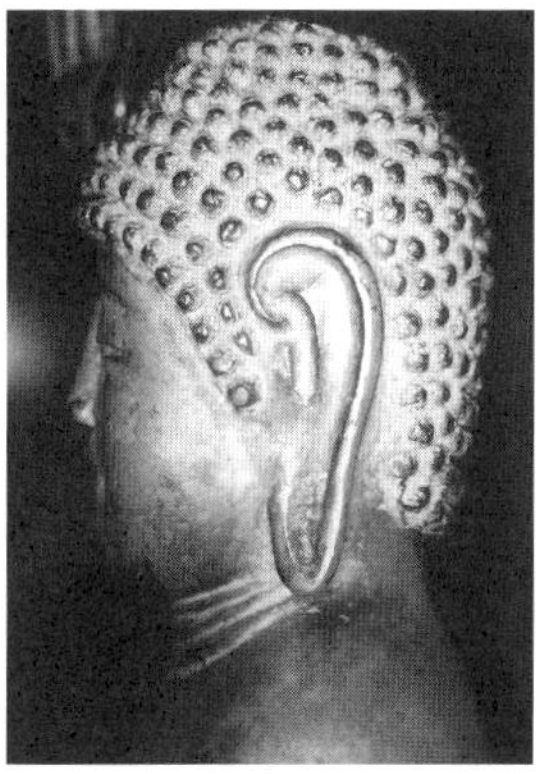

図３の頭部側面

図３　釈迦誕生仏立像
（『奈良六大寺大観』）

図６　正倉院押出仏型
（『平成６年　正倉院展』奈良国立博物館）

図５　頭塔 二仏並坐像
（『史跡頭塔発掘調査報告書』奈良国立文化財研究所　2001）

図８　敦煌 259窟　北魏
（『中国石窟　敦煌莫高窟１』平凡社　1980）

図７　炳霊寺石窟　125龕　北魏
（『中国石窟彫塑全集２　甘粛』重慶出版　2000）

図10　根津美術館　太和13年
（松原三郎『中国仏教彫刻史論』吉川弘文館）

図９　米・アジア美術館　延興２年
（松原三郎『中国仏教彫刻史論』吉川弘文館）

図12　故宮博物院　顕慶２年
（松原三郎『中国仏教彫刻史論』吉川弘文館）

図11　甘粛省博　造像碑　隋
（『中国麦積山石窟展』日本経済新聞社　1992）

ていたのだろうという意見が強いのですが、最近、奈良県の神田さんがもう少し遅れるのではないかという御意見を出されておりまして、神田さんの御意見に従いますと、天平宝字年間、七五七年から七六四年の間にはできていたのだろうということになります。

そして、今回、注目すべきは、図5の頭塔の石仏なのです。頭塔の石仏はたくさんございますが、その中に二仏並坐像があるからです。頭塔の制作年代というのは、神護景雲元年、七六七年と考えられております。そして、どちらが早いかというと、二仏並坐という、日本においては、少し珍しい仏像の初発性から考えて、東大寺の戒壇院のほうが早いと思いますから、少なくとも七六七年以前には、この二像はできていたと、こういうふうに考えていいのではないかと思っているわけです。

以上から、東大寺の二仏並坐像は、大仏開眼七五二年から七六七年の間にできていた、ということになります。そこで、戒壇院ができ上がるのが、七五五年ぐらいでしょうから、いま想定しました範囲の中では、だいぶ早いほうになりますけれども、戒壇院ができ上がったときに、この二仏がお祀りされていたとしても、様式的な見地から言うと、矛盾は起こらないと考えております。

それから、もう一点、姿のことをちょっと申しあげたいのです。このお姿は、日本では、あまり例がなくて、この日本での初例というのは、長谷寺の「銅板法華説相図」になります。これは、奈良国立博物館預かりになっており、奈良博でご覧いただけると思いますが、その第一層目に二仏並坐像が表されているのですが、両方とも禅定印と申しまして、図9のように、手を膝の上に置いているお姿をしております。その点で違うわけです。

そしてあと、日本における二仏並坐像というと、岐阜の横蔵寺というお寺で、板彫の「法華曼荼羅」という作品がございますが、その宝塔の中に二仏が表されています。それは、ちょうど図10のようなお姿でして、これは、東大寺さんの印と近いということが言えるわけです。ただし、横蔵寺さんのものは、この図10と同じように、手を膝の上で組んでいる禅定印の像を向かって左に、配置します。

ここで、図5も見ていただいたらと思いますが、手を組んでいるほうは、向かって右なのです。手を挙げて、施無畏与願をしているほうは、向かって左になるという違いがあります。おそらく東大寺の戒壇院像は、さきほど申しましたように、年代的に図5に近いわけですから、この向かって右に禅定印、左に施無畏与願印という配置になっていたのだろうと、考えられるわけです。

最後に簡単に、図版で中国のほうの二仏並坐像を見ていただきたいと思います。中国の二仏並坐像というのはたいへん多くて、松原三郎先生によりますと、日本では少ないのだけれども、中国ではいっぱいある、中国の特産物的仏像なのだという指摘がなされているのです。その中を北魏から唐あたりまで、ざっと拝見いたしましても、結論的に言いますと、東大寺さんとまったく一致する印相、それから、配置の像が現状では見出せません。多くは、図9のように禅定印を結ぶ像がいちばん多くて、その次には、図8のような、片手をあげたりしているのですけれども、二仏を相称に表す姿が続きます。また、少ないのですけれども、図7、図10、図11のような、左右で別な姿の像が造られているわけでありまして、その左右別々の像の中でも、一方が、図10のように禅定印を表している二仏、これがさらに少ないのです。

ですから、東大寺の戒壇院の像を中国の二仏並坐の流れに位置付けて見ますと、たいへん変わった、珍しいお姿の像が登場しているのだということになるのではないかと思います。

そうしますと、そういうふうな変わったお姿の像というのには、当然、理由があるわけでございまして、この理由はまだ、私にはわからないのですけれども、『法華経』の「見宝塔品」の解釈に基づくものであることはまちがいないのでしょうか。そして、ある特殊な解釈に基づいた、こういう珍しい図像を日本に持ち込まれた人はだれかということを考えますと、鑑真さん以外にはあり得ないのではないかと思うわけです。

藤善　ありがとうございます。鑑真将来の仏像ということが提議されたわけですが、この戒律の問題、それから戒壇の問題は、単に戒律・戒壇にとどまるものではなくて、中国の文化を日本がどのように受容していったか、それぞれに取捨選択が行われたのではないか、取捨選択が行われたとすれば、一体なぜ、どの部分をどのように、何を理由としたのかといった、さまざまな問題へと展開する。とどのつまり、中国文化受容の根幹を占める性格と内容でもあると思うのです。先ほど井上先生が多宝塔、それから釈迦・多宝仏二尊像の問題について意見を述べられました。

中国では多宝仏はございますが、多宝塔というのは、たいへん珍しいのですけれども、東野先生、それについて、何かお考えございますか。

東野　歴史というよりも、美術のほうの造形品のほうが、むしろ材料があるのだと思います。さきほどもちょっと講演の中で申しましたけれども、多宝塔というイメージが、いま普通に浮かべるイメージとは違っているわけで、やはり、三重とか五重とかの層塔なのです。その中に二仏を並坐させるという形で造形されているとすると、たとえばさきほど話が出ました、長谷寺の「法華説相図銅板」のような、塔の中に入っているけれども、その塔自身は形としてはべつに特殊なものではないということになります。

ですから、なかなか外観だけで多宝塔だというふうに、古い時代の場合は言えないのではないかということもあるので、中国であったか、なかったというか、その見分けがつくのでしょうか。たとえば石窟寺院などで表現してあるもの、これが多宝塔だという、中に、二仏並坐があれば、もちろん、そうなのですけれども。

藤善　私も中国仏教史を扱ったりしていますので、注意して見ているのですけれども、なかなか判断は難しい。ないと言えるのか、あったと言えるのか、今後の課題としておきたいと思います。

さて、この多宝塔の問題ですが、もし多宝塔と指定できるのであれば、道宣が造りました浄業寺戒壇の中には、三層の壇の上に、その二仏が並べられております。その基壇のほうに仏舎利が置かれていたとは、村田先生の御意見に少し改訂を求められた東野先生の、たいへん貴重な御意見だと思うのですが、この仏舎利供養というものと、それから仏塔というものとがリンクされるのかどうか、これもまたたいへんな問題でございますけれでも、平松先生、発掘の面から何か御意見ございませんでしょうか。

平松　発掘の面と申しましても、実は、戒壇院の中枢である戒壇堂の周辺には、あまり発掘の手は及んでおりません。私のレジメのA三の図一は、だいたい東大寺の戒壇院周辺の発掘調査の位置、それから、そこから復元できる伽藍をお示ししたものなのですけれども、戒壇堂の脇には、西の脇に一本、トレンチがありまして、これによって、戒壇堂の脇を掘っただけで、中枢にはまったく及んでいない状態です。このような状況なので、戒壇の本体に関して、考古学的な面から、直接的にお示しできる資料というのは、ちょっと持ち合わせていないのが正直なところです。

藤善　ありがとうございます。現在では薬師寺の塔など、よく例に挙げられるように、塔の柱刹の下に仏舎利を埋める、安置するというのが、常識になっております。けれども、中国では仏舎利を仏塔の下に埋めたという具体的な例というのは、なかなかないのです。

そのかわり、たとえば隋の文帝が、百十余か所に仏舎利塔を建立した。これは有名な話ですけれども、その中には、明らかに仏舎利が埋められているわけです。仏舎利塔として埋められているのです。けれども、戒壇の下に、基壇にそれを埋めるというのは、たいへん珍しいあり方だと思うのです。その新しい見解を出されてきた東野先生、ちょっと。

東野　その史料は、『戒壇図経』の中に引かれた「舎利賛」(史料2)なのです。抽象的にしか書いてないのですけれども、その中に「霊骨を福壇に瘞むる」という記述がありまして、それが舎利を指し、それをほめたたえるという文章なのです。後段にも、「鎮むるに遺身を以ってす」というので、釈迦のなきがらを埋めたという意味になると思います。

ですから、舎利を戒壇に埋納したのだけれども、そのしかたがどうなのか、舎利函があって、つまり、舎利容器があって埋納しているのか、どういう施設を伴っていたのかということは、これだけでは読み取れません。ただ、単に埋めたということではないだろうと思うのです。

藤善　普通に仏舎利を埋める場合には、隋の文帝の場合などでは、自分の誕生日ないし、お釈迦さんの誕生日を選び、全国一斉に正午の時間を限って仏舎利を埋めていくという、こういう供養のしかたをしておりまして、戒壇はまったく別の問題であったわけです。もし仏舎利を戒壇に納めたとすれば、日本の戒壇のあり方として、新しい一面が見えるのではないかと、そういうふうに感じますが、いかがでしょうか。

では、次に、東野先生のご講演の順番に従いますと、戒壇院の実態といいましょうか、それは当然のことながら、戒壇の受容、それから戒律の受容等々も含めてなのですけれども、こうしたものが要求された背景といったものを考えていきますと、東大寺の戒壇院以後の戒壇のあり方というものにも、一つの視点を与えるものではないかと思うのです。

たとえば、中国の道宣の浄業寺戒壇というものが造られなければならなかった、必然的な外部条件を考えてみますと、当時、唐王朝では均田制という、わが国の班田収授法につながるものを実施しております。つまり、土地を平等に成人、あるいは戸主などを中心に与えております。その均田制の一環に、僧尼に対して、道教の道士・女冠もそうですが、土地を配分していく。比丘は三十畝、比丘尼は二十畝といったような広さで与えていくわけです。この戒壇の受戒ということが実は、仏道のためのものというよりも、新しく、きわめて政治的、社会的な問題として、さきほど唐招提寺のほうとのトラブルがあったということを、東野先生がちらっとおっしゃっていましたけれども、ああいう経済的な問題に密接につながっております。この戒壇で具足戒を受けるか否かということが、とりもなおさず給田の対象になるかどうかにつながってまいりますが、日本では、そういうことと無関係だったのか、蓑輪先生、何か御見解はございませんでしょうか。

蓑輪　いまのお話、関心を少し持っているところでありまして、午後の私の発表でしますが、実は、かなりの人数のかたがいっぺんに受戒をしています。東大寺の「授戒作法記」を見ますと、四百余名というのが出てきまして、鑑真さんの第一回目の日本での授戒のときの人数がすごく多いのです。そのような多数の人にいっぺんに授けるというようなやり方が、実は中国を手本にしたものであると、「授戒作法記」には出てくるのですけれども、それが具体的にどうなのか。もし、いま、先生が言われましたように受戒が経済的に密接に結びついていて、給田の対象になるというようなことであれば、かなりの土地を持っていなければ、たくさんの人に受戒させるというのは、たぶん難しいのではないかと思いました。

　ところが、鑑真さんがいらっしゃった当時のことですが、中国禅宗の僧侶で、神会というかたが登場します。神会が、実は、唐王朝から申しつかったというのでしょうか、逆に戒牒を売るということがかなり行われていました。戒牒を売ることによって、実は、税金を納めなくてもよいとされたと言われています。それとあわせて考えていきますと、なんか逆のような感じがしました。ですから少し気になったのですけれども、土地を分け与えたときに、そこの税の問題は、どうだったのでしょうか。

藤善　中国の場合には、税は徴収されません。ですから、その点では、たいへん楽であったわけですが、売度といいますけれども、さきほどの度牒を売る、そういうことは密かに行われたし、もし軍事的な問題とか、急に金が要るときなどは、国も度牒を売るわけです。

　しかし、原則としては、試経得度といいますけれども、経典をめぐる試験、たとえばどれくらいの経典が読めるか、暗誦できるかといったことを試験していくわけです。こうした問題がありますので、得度制度とこの売度牒というのとは、ほんとうに関係が深いのですが、建前としては戒壇授戒、具足戒を得た者が均田の対象になる。これは、唐のはじめの武徳令からあったと考えられます。

　いちばん重要な注目すべき点は、鑑真さんが来られる直前に制定された、玄宗の開元七年令の中に、ちゃんと規定されていることです。おそらく東野先生も、時間さえあれば、これをおっしゃりたかったのではないかと思うのですが、そういう問題がからんでいる。戒壇というのは、一途に仏道修行という面からだけでは、解決できない面があるのではないかと思います。

　時間が制限されておりますのに、私ばかりしゃべっているようで申しわけございません。今度は、戒壇院での戒律、受戒といったような、たいへん重要な問題がございます。戒律のことについては、御存じない面が多々ございましょう。私たちも実際とまどうことがございます。具体的にこの戒律というのがどういうものなのか、現在に生きている東大寺の戒壇の実状、それから受戒の現状を、狹川長老にお願いして説明していただくということにしたいと思いますが、十分あまりお願いいたします。

狹川　狹川でございます。正直申しまして、本日来ていただいていますす先生がたと比べますと、読んだ本の量も少ないですし、経験もございませんので、たぶんみなさまの足を引っ張るのではないかと思うのですけれども、私なりに、平素考えていることを述べさせていただきたいと思います。

いま司会者がおっしゃいましたように、受戒という、この戒の意味は、たいへん複雑でございまして、おそらく、きょうお越しになっているかたも、もうひとつおわかりにならないのではないかと思いますので、いかにそれを説明するかということは非常に難しいし、また十分間という制限がございますので、どの程度しゃべれるかわかりませんが、いちおうお話をしたいと思います。

実は、この受戒の方式とか、受戒の内容ということにつきましては、いままで有名な学者の先生がずいぶんたくさん討論なさっております。特に大正の末期から昭和にかけまして、一流の先生がたが討論していらっしゃるのですけれども、しろうとさんが見られると、さっぱりわかりにくいという点がございます。もともとこの戒というのは、難しいものですから、そう簡単には言えないのです。きょうは、東大寺では、現在、どんなふうにやっているのかということをお話しさせていただいて、受戒という本筋はどんなものかというところに結論を持っていきたいと思っているのですが、これは逃げ口上ではないのですけれども、いろいろな説がございますので、きょうは、凝然さんが六十七歳か六十八歳にお作りになった『律宗綱要』という本と、もうすでに御承知の、七十二歳のときにお作りになった『三国仏法伝通縁起』、いわゆる「三国仏教史」、この二つの御本によって説明をしていきたいと思います。凝然さんとは違った意見をお持ちのかたもおられるかもしれませんけれども、きょうはそういうことで御勘弁をお願いしたいと思います。

そこで、いちばんはじめに結論的に、「東大寺戒壇院の受戒法」というように書かせていただきました。私のレジメのいちばんはじめの五行ほどの文章を、初めてお聞きになったかたは何のことかわかりにくいと思うのですけれども、いちおう読ませていただきます。

「鑑真の伝来以来、東大寺の戒壇院においては、まず、三師七証、白四法、いわゆる一白と三羯磨によって、具足戒を受け、比丘性を成就して四分律を随行し、さらに梵網菩薩戒（十重四十八軽戒）を三聚通受の法によって受戒して菩薩比丘となる。他宗では師僧不足の時は別受、いわゆる白四法を用いないで通受だけで菩薩比丘となる」

これが、結論的なことなのですけれども、なぜこういうことが言えるかということを、簡単に御説明したいと思います。

いちばんはじめに、この「三師七証」という言葉ですが、すでにお話も出ておりましたけれども、ここに書いております、戒和上さんと羯磨師と教授師さんと証明師七名と、全部で十人いらっしゃいますが、これを、三師七証と申します。戒和上は実際に戒を授ける人、羯磨というのはカルマ、作業とか動作とかいう意味で、白（受戒の賛否をたずねること）や羯磨（白の可否を問うこと）をやる人を羯磨師というのです。一白というのは、私を例にとれば、「宗玄という子どもがいるけれども、いちおう資格を持っているから受戒させてもいいかどうか」ということをおっしゃるのです。それからあと、「これこれ、こういうことだから、ひとつこれ受戒させてもいいかどうか」と、可否を三回にわたって問われまして、異議のない場合は黙っておれ、異議のある場合はしゃべれということで、無事三羯磨（このように三回可否を問うこと）終了したらそれでオーケー。教授師というかたは、あらかじめ、この受戒者の資格を調べる。そういうことを七人の人が証明する、これが十師、三師七証ということなのです。

これはやはり、徳川時代でもすでに東大寺の受戒会式というのがありまして、延宝元年の記録を見ると、三師七証の記録がありますので、そういうことを言うと先輩には悪いのですけれども、細々ながらでも伝統を守っていたのではないかというふうに思います。

その次のまる三のところなのですけれども、「三聚浄戒」ということが書いてありますが、実は、この三聚浄戒ということが、非常に難しい内容でして、あらゆる戒を「摂律儀戒」と「摂善法戒」と「摂衆生戒」の、大きく三つに分けます。「摂律儀戒」というのは、悪い行為をしない、不のほうです。それに対して、「摂善法戒」は、進んでいいことをやろう。それから「摂衆生戒」というのは、そういうことをやって衆生を教化していこうと、こういう三分野に分けたのです。摂律儀戒というのは、「別受」といいまして、これはレジメにもございますけれども、七衆の別があります。二ページを見ていただきますと、まる四として、「七衆と戒」と書いております。比丘、比丘尼、色叉摩那、沙弥、沙弥尼、優婆塞、優婆夷と、年とか男女の別も書いておきましたけれども、こういう七種類のかたは、それぞれに受ける戒の数、種類が違うのです。

われわれ比丘は、二百五十戒、比丘尼、尼さんは、三百四十八戒、これをひっくるめて具足戒と申します。これは普通、正定戒と言われております。それから式叉摩那というのは、女性で十八から二十才未満までのかた、これは六法戒、後ほど言いますけれども、六つの戒。それから、沙弥は男十四才（七才）から二十才未満。このかっこして七才というのは、孤児院とかいうところに預けられているものは、七才からでもいいという規則があったらしいのです。それで、かっこしておきました。十戒を受ける。沙弥尼は、女の子で、十才から十八才未満まで、これも十戒を受ける。以上の一、二、三、四、五は出家なのです。六、七の優婆塞、優婆夷というのは俗人さんで、五戒と八斎戒を受ける。この戒のことは、後ほど申しますけれども、こういうふうに七衆に別々に戒を受ける。これが摂律儀戒なのです。

ですから、私は二百五十戒受ける、ほかの人、俗人さんはそうではない。そういうのが、具足戒なのです。

ところが、一ページの下の段にも書いておきましたけれども、それでは、「摂善法戒」とか「摂衆生戒」というのは、いったいどういう内容かということになってきますと、これはたいへん複雑なので、ここに走り書きをしておきました。

たとえば、摂善法戒でしたら、「戒に依り戒に住し」、「聞慧、思慧、修慧を修し」というふうに、非常に抽象的ですけれども、戒を中心にして、精神的に修行していく。それから、病気のかたがあれば、哀れみのこころで看病してあげる。そういうようなことです。

摂衆生戒というのは、はっきり十一種あると書いていまして、ここを御覧になったらわかりますけれども、あらゆる人のために尽くす。それからこれも、病人があれば看病してあげると、こういうことです。これは、『菩薩地持経』とか『瑜伽師地論』に詳しく出ております。

そうすると、この三聚浄戒というのは、典拠はいったいどこにあるかということなのですが、二ページを見ていただきますと、Aと書いて典拠とあります。われわれ華厳宗のものは、非常にうれしいのですけれども、『華厳経』の巻第十八の「十廻向品」というところに、「能く自ら三種の戒法を具足す。亦衆生をして三種の戒を具足せしむ」ということが書いてあるのです。ということは、これは、具体的に名まえは出ておりませんけれども、内容は、三聚浄戒のことを言っているのです。

これにつきましては、エピソードがございます。もう亡くなられましたけれども、みなさま御承知の律宗の大学者の平川先生が、苦心して見つけられたのです。ところが、すでに凝然さんが『律宗綱要』にちゃんと書いておられるのです。それで、先生が、「これは、まいった」というようなことを、まいったとは言っておられませんけれども、『律宗綱要』の国訳一切経の解題に書いていらっしゃって、やはり、「凝然さんてすごい人やなあ」というふうに私はつくづく思ったのです。だから、『華厳経』に最初にこの三聚浄戒という思想が出ております。

それから、道宣さんの『釈門帰敬儀』などを見ても、「戒には本と三ありと」いうふうに書いてあります。

ところで、聖武さんとかがお受けになった戒ですが、いったいどういう内容の戒かということが、いつも問題になりまして、専門的になりますが、因果戒とか、瑜伽経の戒とか、いろいろ言われるのですけれども、凝然さんの意見によりますと、華厳の第三祖の法蔵さんが、『梵網経菩薩戒本疏』という御本を書いておられまして、その巻一に三聚浄戒と梵網菩薩戒の関係について、意を取って言えば、次のように書いていらっしゃいます。「梵網経という大乗菩薩戒は、あらゆるところに通ずるのだ。そんなちっぽけなものではない」と。そして、「総じては、菩薩の三聚浄戒を以って宗と為す」、これが中心だということを書いておられます。法蔵さんは、この三聚浄戒と梵網戒は、どういうふうに関係してくるかということをはっきりおしゃっているのです。

それによりますと、二つ意見を持っておられます。「一、総じてこれ律儀戒」、いわゆる十重戒と四十八軽戒、十の重い戒と四十八の軽いほうの戒ということを申しましたけれども、その内の十の重い戒は、いわゆる具足戒に関係ある律儀戒だと。もう一つの意見としては、ここに書いてあるように、律儀戒というのは、何何してはいけないよというノットの立場です。摂善法戒のほうは、しなさいよという、摂衆生戒は、それをひっくるめて、衆生のためになると、こういう分けかたなので、これは読んでもわかりますけれども、「十中一一不犯」という、してはいけませんよというのは、律儀戒だと。ところが、それに反対して、これこれ言っているけれど、その反対でこういうこともしなさいよということが意に含まれているという見方が、この摂善法戒、両方をひっくるめて摂衆生戒と、こういうことを法蔵さんが書いていらっしゃるのです。

だから、そういうことが頭にありますと、いちばんはじめに具足戒を受けまして、それから次に、通受です。別受というのは、この摂律儀戒だけを受ける場合。通受というのは、この三つを続いて受ける。だから、両方をやれば、菩薩になりますよと、簡単に言えば、そういう見方をされたのです。それが、東大寺の受戒法の根本的な考え方ではないかというふうに思います。

それから三ページに、十戒、八斎戒①、同②、五戒、六法戒、十善戒、十重戒と、戒の内容を書かせていただきました。これをいちいち説明する時間がございませんので、読んでいただきましたら、おわかりだと思うのですけれども、こういう種類がありまして、さきほど申しました七衆さんは、それぞれの戒を受けるという規則なのです。

それから、いちばん問題の、比丘、比丘尼が受ける具足戒というのは、ここに一覧表を書いておきましたけれども、「波羅夷」とか「僧残」とか難しい言葉が書いてありますが、この波羅夷というのは、パーラージカという梵語がありまして、破門になる罪なのです。一つだけ例を書いておきました。「婬戒」と、「盗戒」は不思議に四銭以上と書いてあります。そこまでは知りませんけれども、三銭はいいわけでしょう。そして「殺人」と「大妄語」、この四つを犯すと、破門なのです。

次の僧残というのは、ちょっと坊さんが残っているという意味で僧残といったのです。これは、重い順番に書いてあります。これが具足戒です。

それから、はしょりまして恐縮なのですけれども、凝然さんが東大寺の受戒の教学的な内容をどのように見ておられたかということが、『三国仏法伝通縁起』の巻下にはっきり書かれてありまして、それの意を取って、ここに書かせていただきました。ちょっと難しいですけれども、読ませていただきますと、「鑑真和尚は、深く天台を研究し」、さきほど、東野先生もおっしゃっていましたけれども、天台の大学者なのです。「天台一乗の妙旨に基づき、戒壇院を建て一部大乗に通ずる四分律」、われわれ分通大乗と言っていますけれども、一部分が大乗に通ずるのが四分律と申しております。「四分律を広められ、五戒、八戒、梵網、三聚等の戒は、すべて大乗の極意」、「通受すれば」、全部受けたら、「三聚の普遍の本体を体現し、『別受』、これは、具足戒だけです。「別受すれば三聚の完全の儀を成ずとされた。」

次がおもしろいと思うのです。「華厳宗の人が、具足戒及び三聚浄戒を受けると十玄六相、四種法界、擧一全収、相即相入、主伴具足、重々無尽、通別二円、深広の戒法を成就することができる」。これは、御存じのかたも多いですけれども、四種法界うんぬんは、華厳教学の基本の、いわゆる最高のキーワードが並んでいるわけです。だから、華厳宗の人はこれが具足できて成就すると。

それから、三論宗の人も法相宗の人も真言宗の人も同じように、それぞれの宗の最上の極意の戒法を成就できると。

それから、唐招提寺の豊安僧正は、その『戒律宗旨』というところに、「この戒は或いは三摩耶戒、或いは金剛戒、或いは仏性戒と名づく」と言っておられます。だから、具体的に言いまして、華厳宗、三論宗、法相宗、真言宗、みんなそれぞれの宗派の最上のところが獲得できると、こういうふうに『三国仏法伝通縁起』巻上に書いておられるわけです。

だから、東大寺としては、私は、この凝然のこういう考え方があるので、やはり、いま現在の戒壇院というのが、いまでも生きているのではないか、しかも華厳思想によって支えられているのではないかというような気がいたします。

それで、東大寺の戒壇のことは、さきほど東野先生がおっしゃいましたので、省略させていただいて、本題の東大寺の受戒が、現在どのように行われているかというところに入らせていただきます。前書きがたいへん長くなりまして、恐縮です。

現在は、東大寺の住職以外は、『出家受戒作法』によって、沙弥、沙弥尼の十戒。われわれ住職は、形同沙弥戒、法同沙弥戒、具足戒を受けます。私は幸せなことに、昭和三十四年と昭和六十年、二回経験させていただきました。昭和三十四年は、光明皇后さまの千二百年の御遠忌を記念してやりました。あと三年すると、千二百五十年になりますので、また計画をされているかと思います。昭和六十年は、大仏殿の昭和大修理成満記念にしていただきました。

どういう内容かと申しますと、六日七日、八日、九日とやったのです。いちばんはじめの日は、「好相のクジ」といいまして、当たらないくじがないというか、全部当たるくじがあるのでして、それを引き当てるわけなのですが、これはどういうことかというと、受戒を受ける資格があるという証明一つの手段ではないかと思います。

七日の形同とは、これは、形は比丘と同じ、だから、形同というのですけれども、羯磨作用がない、いわゆる白四羯磨がないのです。八斎戒を受けます。

それからあくる日の八日は、法同沙弥といいまして、十戒を受けます。法同とは、羯磨また比丘と同じ。だから、羯磨がちゃんとそろった受戒です。

最後が具足戒、それから通受戒を受けるというスケジュールになっております。

昭和六十年もまったくいっしょでございます。ただ、昭和三十四年の場合は、私は受者として、昭和六十年の場合は、教授師を任命されまして、授けるほうの側に立ったのですけれども、両回とも、戒和上は、亡くなられた森本長老さまでございました。当時の森本長老さまの戒和上の風貌が、いまだにはっきりと目の前に浮かぶわけでございます。

それから、最後に、みなさまに教えていただきたいのですけれども、一つわからないことがあります。何かというと、修二会での受戒のことです。修二会は、御承知のように十四日間ございます。一日から七日まで、これをかみの七日、上七日と申します。それから八日から十四日まで、これをしもの七日、下七日と申しますけれども、一日の日と八日の日に受戒があって、俗人さんが受ける八斎戒〔(註)八斎戒のあと、不非時食戒を受け、計九つの戒を受く〕を練行衆が受けるのです。なぜ、この修二会のときに、いわゆる比丘の受戒がないのかということが、私はちょっと不思議なのです。いまだに宿題にしているのですけれども、何かいわれがあるような気がしてなりません(八九頁の註記参照)。

東大寺は、みなさまがたいま、東野先生をはじめとして、たくさんのかたからお話を聞かれましたように、やはり、日本一の受戒場でもあったわけで、現在はさびれてしまいましたけれども、脈々と続いているということは報告させていただけたと思います。

それといま現在、私たちが受けている、受戒の方法は、だいたい西大寺さんも同じような形式でしているようでございます。このことにつきましては、唐招提寺の西山明彦師にもいろいろ教えを受けました。というのは、正直言いまして、いま聞くかたがもうないのです。せめて、森本長老さんが生きておられたらいいのですけれども、ほんとうにさびしい感じなのです。仏教における戒というのは、たいへん重要な位置を占めているのですけれども、やはり、文字どおり地味な存在ですし、しかも、非常に複雑です。内容的に言いますと、こういう戒を受けたらどういうこころが残るとか、いわゆる戒体論と言いますけれども、そういうのが、非常に複雑にからんでおりまして、なかなか難しいのですけれども、概略だけを申しました。また何か御質問がありましたら、知っているかぎりお答えしたいと思います。

　駆け足でございましたけれども、いちおうの説明を終わらせていただきます。どうもありがとうございました。

藤善　ありがとうございました。時間が迫ってまいりまして、時計をにらみながらの聴講でございました。

　中国では、この戒壇というのは、規定に基づいているか否か、これはたいへん問題がございます。中国では、都城の北と南、北郊と南郊に壇が築かれて、天地を祭る壇、南郊壇、北郊壇というのがございます。現在でも西安にちゃんと残っておりますが、こういう壇と、中国の五岳の一つ、山東省にある東岳の泰山で、天地をまつる儀礼が行われる。秦の始皇帝のものがいちばん有名ですけれども、この天壇・地壇というものが、実は、道宣の浄業寺戒壇に大きな影響を及ぼしているのではないか、という見方がある。それはもう事実だろうと思うのです。それが日本に輸入され、そのまま使われたというふうに考えることは、到底無理だと思いますし、また、さきほど申しました取捨選択が行われるということがなければ、なかなか受容できないと思うのです。

　それから、所依経典といいましょうか、何が根拠となり基準になったかという点でも、いろいろ問題がありまして、日本のほうでは大乗、小乗といいますけれども、中国では小乗戒壇、大乗戒壇というようになりますのは、唐の後半になってから、それまではほとんど大乗、小乗という言葉を使っておりません。しかし、日本では、はっきりと使い分けされることになります。

　それから、もう一つは、さきほど東野先生もおっしゃいましたし、蓑輪先生も御主張なさっているわけですけれども、鑑真さんは天台の学匠でもあった。これも中国の僧侶としては、かなり普遍的なあり方なのです。一宗に偏るということはほとんどなくて、いろいろな教学を学ぶわけです。

　ですから、私がいろいろな線を引いて、系図みたいに表示しておきましたけれども、あまりこれにこだわってはいけないわけで、律の研究家であると同時に華厳も学ぶ、天台も学ぶ、止観も学ぶといったようなことになっておりますので、その点、お含みおきいただきたいと思います。この系図のところで、ちょっと私のミスを一つだけ訂正しておきますが、鑑真さんが、直接大きな影響を受けまし

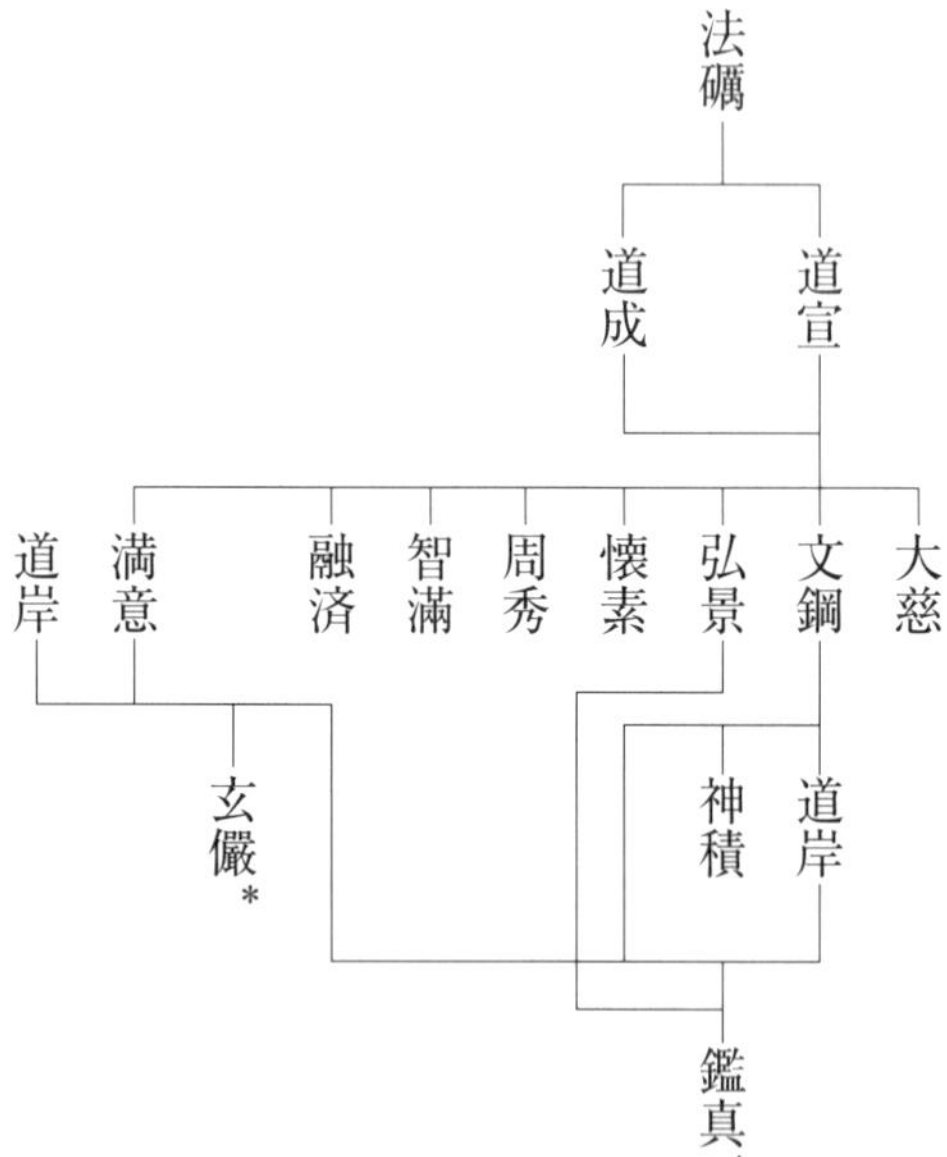

*鑑真（六八八～七六三）　智満について出家。道岸より菩薩戒を受く（七〇五）。実際寺にて恒景により登壇受戒（七〇八）。融済に南山律を、義成らに相部律を学ぶ。

*玄儼（六七五～七四二）　越州法華山寺。

たのは、この上に並んでおります大慈、文綱の行の下から三番目の融済という人で、鑑真さんのところに線を引かないといけないわけです。こういう人たちも、律だけではなくて、いろいろな勉強をしているわけです。だいたい南山律の開祖の道宣が勉強したものというのは、歴史から仏教経典まで、おびただしいものがあるわけです。その中で、どんなものを中心にしたか、ということが問題であろうと思います。

それから、日本に来られたのち、鑑真さんに対する強烈な批判が出ますが、この批判なども、ほんとうに鑑真さんのやり方に対する文句なのか、それとも従来の戒律のあり方を批判するというものなのか、所依経典が違うと言って批判したのか、いろいろ理由と背景があると思いますけれども、東野先生、何か教えてください。

東野　そこまでお答えできるほど考えておりませんけれども、ただ、日本での戒律の学習、勉学というのは、鑑真さんの時点まで、むしろそれほどたいしたものではなかったのではないかという気がします。法進が沙弥の十戒について、あれほど詳しい注釈をするというのも、四分律などの注釈よりももっとさきに、簡単な沙弥戒について、十分に勉強させなくてはという、そんなところがあったのではないかという気がするのです。さきほど、ちょっと蓑輪先生もおっしゃった、平安時代のはじめに、四分律の講義がやられていないから、財源をほしいというような申請が、唐招提寺から出てきますけれども、まだまだ、レベルが違っていたのではないかという気がするのです。

藤善　日本の、たとえば律令制度でも、母体になったのは、けっして隋・唐の律令ではなくて、北朝の律令が中心になったと言われているのです。それは、まだ熟していないため、完成された隋・唐のものを、なかなか受容する力がなかったことにもよると思いますが、戒律なんかはまさに、そういう段階にあったのでしょう。天台の止観を学ぶことが行われる、その淵源というものをさかのぼらせてみると、鑑真さんが習い、そしてまた実際に具足戒を得た弘景というお師匠さんがおられますが、この人などが、まさに天台の学匠でもあったという、そういうことでも理解できるわけです。

それから、渡航の際に鑑真さんが南へ流されて、北上してまいりますときに通られたのが、この弘景の住んでいた荊州、三国時代に有名な武将の関羽が殺された地、当陽というところにあるのですが、この当陽の南泉寺のところが、この弘景の住地であったというので、そこへ行っておられるのです。そこの戒壇もまた実際に見ておられるという。これなども、やはり天台と密接な関係があったということの証拠なのでしょうか、蓑輪先生。

蓑輪　天台との密接な関係というところで、やはり鑑真さんが招来してきたもの、その中の典籍に、天台系のものがかなり含まれています。私がきょう出しました資料の中では、中世の時代に、戒壇院は、鑑真さんが創建したところで、鑑真さんは天台の典籍を招来しているから、天台の止観を学習するのがいちばんふさわしいのだというようなことを、凝然さんが、『円照上人行状』の中で述べています。ですので、鑑真さんというかたは、やはり、藤善先生がおっしゃられたように、さまざまな学を学んでいましたが、それも当時の中国の仏教者としては普通のことであって、でも、天台にいちばん関心を持っていたのであろうと思います。そこで、弘景というかたは、非常に重要な人物ではないかなと思いました。

それから、狭川長老さんのお話をいま聞いていまして、ここに出てきています東大寺の現在の受戒なのですけれども、「好相のクジ」、「形同沙弥」、「法同沙弥」の言葉なのですが、中世の西大寺を中心とした律宗にも、このような名称が出てきますので、その影響がやはりあるのかなと思いました。

それで、前に私が見たときに、実は、「好相の十重戒」という言葉が出てきて、その具体的な中身が何なのかということがわかりませんでした。でも、いまお話をうかがいまして、目から鱗が落ちたというような感じがしたのですけれども、実際に、この「好相のクジ」、「はずれのないくじ」というのは、どういうものなのでしょうか。梵網戒の十重戒がくじに書いてあって、それを引くのでしょうか。もし差し障りがなかったらお教えいただけないでしょうか。

狭川　お答えにならないと思うのですけれども、実は、私も、いまでしたら、きっちりメモしておくのですけれども、なんがなしに過ごしておりましたので、はたして、どのくじかということは。なにか、中に×点が打ってあったような気がします。それがうっすら覚えていることで、それ以外、ちょっとお答えになりませんけれども、なんでしたら、法則集がありますから、後ほどお見せいたします。

藤善　現在に生き続ける東大寺の戒律・戒壇、これを生々しく教えていただきまして、ほんとうにありがとうございました。

もう時間が差し迫ってまいりましたが、平松先生、考古学から見た今後の戒壇の発掘とか、そういうことについて何か展望がございましたら、教えていただければ。

平松　きょう、東野先生の御発表を受けて、東大寺の戒壇院と唐招提寺の共通性というところをちょっと重視して、予習といいますか、レジメを作成してきたもので、若干的外れのことになってしまいかねないのですが、一つだけ、学習の場としての戒壇院と唐招提寺の共通性を、東野先生のきょうの御発表を考古学的に補足させていただくという意味で、お話しさせていただきたいと思います。

私のレジメのほうに、瓦の羅列ばかりの表を何枚か付けさせていただいていますが、そういう考古学の遺物から見た場合ですが、東大寺というのは、造東大寺司という、律令制下の巨大な官司がお寺を造営していくわけなのですけれども、その中で、考古学的に見れば、専用の瓦を何枚か、何種類か作成するわけなのです。その中で、奈文研（奈良文化財研究所の略）が設定しています、数字で言って申しわけないのですが、六二三六というタイプがありまして、これが、造東大寺司が作成した後に、唐招提寺で主に使用されることになるタイプです。

これは、四枚目と二枚目を見比べていただくと、特に東大寺戒壇院で使われる、ちょっと、EとDといって、細かいところが違うのですが、六二三六Dという、特に唐招提寺金堂で使われるタイプは、このほか、西大寺、西隆寺という、造東大寺司が造営するお寺でもさかんに使われるタイプでして、そこから何が言えるかといいますと、唐招提寺が、さきほど東野先生のお話の中にもあったのですが、私寺として造られたわけではけっしてなくて、造東大寺司の物的な瓦とかの資材的な援助があって造られた、官の大寺に準ずるお寺であるという証拠の一つだと思います。

そのあとの、東大寺のあたり、戒壇院の造営というのがいろいろと細かいことは、わかっているのですが、きょう、私が補足させていただきたいのは、そういう観点でして、唐招提寺が、けっして、私寺というような意味合いのものではなくて、少なくとも官の大寺を造営する、造東大寺司の援助かあるいは影響下にあって建設が進んでいたというのを、瓦のほうから、ある程度御説明できるかと思います。

それと、唐招提寺の戒壇がどこかに先行してあったのではないかというお話が出てまいったかと思うですが、私も唐招提寺の境内は発掘調査を何回か担当させていただいていたのですが、そこでちょっと、腑に落ちない瓦が若干ありました。

四枚目のレジメの中、やや真中のほうに、三彩瓦というのを載せているのですが、これは、金堂と講堂のあたりからたくさん出ているものです。特にこの三彩瓦は、日本の三彩瓦、平城京で使われる三彩瓦とは、まったく異なったタイプのもので、中国には一致した三彩瓦はないのですが、日本の奈良時代の三彩瓦の中では系譜が追えないものなのです。

戒壇が金堂の下に先行してあったのだという説があるのですが、それにもし、この三彩瓦なんかが使用されているとおもしろいのではないかと、半分私の夢想みたいなものも入っているのですけれども、そういった特殊な瓦も、唐招提寺から出土していて、これなんかも系譜としては、いま申しあげた、造東大寺司の援助下にあって作成していたものではないかと思っております。

すみません。若干感想めいたことばかりで、論旨を乱すようなことになってしまって申しわけないのですが、私のほうからは以上です。

藤善　ありがとうございます。物からする歴史構築というのは、今後たいへん期待が持てるのではないかと思いますが、同じように井上先生、美術史あるいは建築史のほうから、何かアプローチできるものがございましたら。

井上　いま頭に浮かんでいるのは、質問しかないので、質問をさせていただきたいと思うのですけれども、さきほど蓑輪先生の資料を拝見させていただきましたら、法進がつくったという『東大寺受戒方軌』の中に、「御塔の前に行って作法をする、座を設ける」とかいう箇所が、何か所かございます。あれが一つ、東大寺の当初の戒壇院の史料として、もっとも古い史料となるものなのかどうなのかという点。

もう一つは、二仏並坐を考えていますと、『法華経』との関係というのが、どうしても重要な視点になってくるのですけれども、その『法華経』との関連で、中国で関係のある戒壇がいくつか指摘できると思うのです。たとえば、『西域求法高僧伝』に出てくるようですけれども、貞固という人が造った戒壇には、戒壇の後ろに龕があって、そこで法華三昧を修していて、これを方等道場としたのだというふうな記録が出てまいりますね。これなどは、戒壇と『法華経』との関係といいましょうか、非常にそういうものをうかがうことができるような記録ではないかと思います。また、あした、ちょっとお話もしたいと思うのですけれども、好相に関して、やはり蓑輪先生が、夢と好相の論文をお書きになっているのですけれども、その中で、叡尊さんが、方等経により、好相を夢で見ても覚めて見ても、滅罪して自誓受戒することができるという内容の史料を引用されておられるのですけれども、そういうところから、御専門の先生がたに戒壇院と『法華経』の関係というのも何かおうかがいできたら、ありがたいと思うのですが。

藤善　何かありますか東野先生。

東野　『法華経』との関係は、具体的にはわからないですが、戒壇は、塔と同じものなのだということは、村田治郎さんがすでに「インドで特にそうだ。分けられないのだ」ということをおっしゃっています。だから、中国でもそうでしょうけれども、日本に入ってきても、戒壇が塔であるという意識がやはりあったのではないのだろうかと思います。

鑑真の亡くなったあと、詠まれた漢詩が「東征伝」の末尾に載っていて、「青松、塔をめぐりて新たなり」と出てくるのですけれども、それは、普通は、鑑真廟の、墓の上に建てられた塔だというような解釈ですが、そういうものが、あの時代からほんとうにあるのかしらという気もします。むしろ、戒壇があって、その戒壇を塔と呼んでいる可能性もあるのではないかと、以前から思ってはいるのです。舎利を入れるという点から言っても、舎利を祭る塔と戒壇というのは、似ているのではないかと思います。

藤善　私は、本来別々のものであったものが、いつからか、いっしょに見られるようになっていく、その時期がいつかというのは、なかなか指定はできませんけれども、この舎利信仰と戒壇というものは、今後解明していかなければいけないと思います。

鑑真さんは、長安の実際寺という寺で受戒されたのですが、その実際寺に戒壇があった。それは言ってみれば、この実際寺の戒壇のほうが、浄業寺戒壇よりも生々しく、鑑真さんに影響を及ぼしたのではないかと、私は考えております。

それから、もう一つは、江南の伝戒師と称賛された鑑真さんですから、鑑真さんの先生である道岸や同学の玄儼などが、遣唐使船の発着する、現在の杭州から寧波あたりで活躍しているわけで、このあたりの戒壇、つまり南朝系の戒壇というものが、影響を及ぼしているのではないだろうかと考えておりますが、それを専門に追究したわけではございませんので、私の単なる推測とお聞き取りいただきたいと思うのです。

時間が迫りましたが、蓑輪先生、何かございますか。

蓑輪　さきほど質問していただきました、法進さんがつくられたと言われている『受戒方軌』の中に、「塔前において礼拝する」というようなことが出てきています。それがどんな塔であったのかというのは、いま全部きちんと覚えているわけではありませんので、はっきりしたことはわかりません。でも、かなり信用していいのではないかなと思います。もしかすると、確かに初出なのかもしれないなという気はいたします。

すみません。答えになっていないところがありますけれども。

藤善　ありがとうございました。狭川先生、東大寺では、説戒というようなことを行っておられないのでしょうか。

狭川　このごろ、ほとんどやっておりません。

藤善　中国では、この説戒というのをやりますので、そこが戒壇の場であったか否か、たいへん問題になるところであります。

長時間にわたりまして、みなさま討論に参加していただき、ありがとうございました。ほんとうに、こういう多面的なとらえ方で、とまどわれたかと思うのですけれども、それぞれについて論議しましたならば、長時間を必要とするだろうと思います。

このへんで、つたない司会・進行役を降ろさせていただきます。どうもありがとうございました。先生がたありがとうございました。

論集 東大寺の歴史と教学 ザ・グレイトブッダ・シンポジウム論集第一号 品切

論集 東大寺創建前後 ザ・グレイトブッダ・シンポジウム論集第二号 二〇〇〇円

論集 カミとほとけ―宗教文化とその歴史的基盤 ザ・グレイトブッダ・シンポジウム論集第三号 二〇〇〇円

論集 近世の奈良・東大寺 ザ・グレイトブッダ・シンポジウム論集第四号 二〇〇〇円

論集 鎌倉期の東大寺復興―重源上人とその周辺 ザ・グレイトブッダ・シンポジウム論集第五号 二〇〇〇円

南都仏教史の研究 遺芳篇 堀池春峰著 九八〇〇円

東大寺修二会の構成と所作 全四冊 東京文化財研究所芸能部編 上中下各一四〇〇〇円 別巻 一六〇〇〇円

悔過会と芸能 佐藤道子著 一四〇〇〇円

儀礼にみる日本の仏教 東大寺・興福寺・薬師寺 奈良女子大学古代学学術研究センター設立準備室編 二六〇〇円

法藏館

価格税別

ザ・グレイトブッダ・シンポジウム論集第六号
論集 日本仏教史における東大寺戒壇院

二〇〇八年十二月二十日 初版第一刷発行

編 集 GBS実行委員会

発 行 東大寺
〒六三〇―八五八七
奈良市雑司町四〇六―一
電 話 〇七四二―二二―五五一一
FAX 〇七四二―二二―〇八〇八

制作・発売 株式会社 法藏館
〒六〇〇―八一五三
京都市下京区正面通烏丸東入
電 話 〇七五―三四三―五六五六
FAX 〇七五―三七一―〇四五八

The Kaidan'in (Ordination Precinct) at Tōdaiji within Japanese Buddhist History: Papers from the Great Buddha Symposium No.6

The Ordination Ceremony Introduced by Jianzhen: Focusing on Fajin's Compilation of Ordination Rules for Tōdaiji

Minowa Kenryō

The ordination rules transmitted by Jianzhen (J., Ganjin, 688–763), which consisted of ten major Dharma teachers and ten minor Dharma teachers, are thought to have influenced Fajin's (J., Hōshin, 709–778) *Tōdaiji jukai hōki* (Ordination Rules for Tōdaiji). The two sets of teachers were selected from the various Nara temples, however, the preceptor monk (J., *kaiwajō*), who conferred the complete precepts (*gusokukai*), was a separate individual from the members of the two sets. Initially, Jianzhen and later Fajin performed the role of preceptor monk. When the number of recipients was large, eleven masters—ten major Dharma teachers and the preceptor monk—conducted the ordination with the recipients divided into two groups, one in the east and the other in west. The recipients would go to either the east or west in groups of three with both sides sharing the same preceptor monk, while the reciting preceptor (*konmashi*) for one side would change roles and serve as the venerable witness (*sonshōshi*) when he went to the other side. In this way, the rule of three masters and seven witnesses—in which the same preceptor monk and different reciting preceptors and ritual instructors (*kyōjushi*), and seven venerable witnesses as prescribed in the precepts collection (*ritsuzō*)—could be upheld to conduct the ordination. It is of interest that this form of ordination in which the precepts for the novice (*shami kai*) and complete precepts (*gusokukai*) can be received successively within a day of each other continues to be seen today in East Asia.

Tōdaiji's Kaidan'in and the Treasures of the Shōsōin

Miyake Hisao

After Jianzhen (J., Ganjin, 688–763) arrived to Japan and established the Kaidan'in and Tōzen'in, the art of the Tenpyō era, influenced by these sites, appears to have become stylistically more Chinese. However, almost no work dated to the Nara period remains at the Kaidan'in. Meanwhile, though few, Kaidan'in treasures can be seen in the Shōsōin Repository. When examining the Shōsōin treasures against these works, similar examples in form and style can be found. Accordingly, attempts have been made to reconstruct the art of the Kaidan'in through the treasures of Shōsōin, while taking into consideration Tōshōdaiji.

Characteristic of the applied art works associated with Jianzhen is the decorativeness and design, which had not previously been seen, as well as the elaborate and sharp expressions in carved wood that corresponds to statues made of fragrant wood. As for Buddhist iconographic sketches, the new expressions brought from China by Jianzhen appear on the door panels of the miniature shrines in the Shōsōin and the Kaidan'in and resonate with the wooden statues in Tōshōdaiji's lecture hall and main hall.

The bronze Four Guardian Kings of the Kaidandō (ordination platform hall) may perhaps have iconographically and stylistically resembled the images on the door panels. Especially noteworthy is the possible inclusion of a new form of protective deities bearing long swords. The hall's Four Guardian Kings also appear to have been adopted by the temples of the Ritsu school in later generations.

Taking the Precepts and Buddhist Statuary: Focusing on the Nara Period

Inoue Kazutoshi

This paper examines the relationship between the precepts (J., *kairitsu*; Skt., *vinaya*) and Buddhist statues. I first discuss the Mahāyāna precepts in China, then the necessity of Buddhist images in properly receiving the precepts whether self initiated or conferred by another. I also take into consideration the possible connections between these Buddhist images and the mystical experience of *kōsō* 好相 by looking at the shape of the halo for the Fukūkenjaku (Skt., Amoghapāśa, Rope-snaring) Kannon in the Hokkedō (Lotus Hall) of Tōdaiji and the facial features on a set of carved wooden images at Tōshōdaiji.

Next, I examine Daoxuan's (J., Dōsen, 596–667) commentary on the four-part precepts *Sifenlu shanfan xingshi chao* 四分律刪繁行事鈔, which served as a guideline for the daily life of priests who received the complete precepts (J., *gusokukai*), and identify that Daoxuan's ideal buddhas consisted of King Aśoka and King Udayana images, which are described as having a powerful physique (風骨勁壮) and appearing dignified (儀粛隆重). These descriptions—especially the third character 勁 of the former referring to an image standing erect—are features that can be seen in statues of the Aśoka and Udayana lineages. I suggest that those, who studied Daoxuan's commentary on the precepts in China and Japan, were aware of these descriptions on the ideal buddha image. Finally, the set of wooden images at Tōshōdaiji that Jianzhen (J., Ganjin, 688–763) had commissioned to be carved are discussed as examples of ideal statuary.

Tōdaiji's Kaidan'in

Inaba Nobumichi

In recent years, research on the Ritsu (vinaya) school of Saidaiji masters such as Eison (1201–1290) and Ninshō (1217–1303) has progressed covering areas including its relationship to society and to the nation as well as its ideology. By comparison, with the exception of the intellectual history on the writings of Gyōnen (1240–1321), the Kaidan'in, the bases of the Ritsu school at Tōdaiji, has been not been extensively studied. This paper attempts to compare and clarify features of Tōdaiji's Kaidan'in, or ordination precinct, in the medieval period to that of other medieval Risshū temples.

First, I outline the restoration of Tōdaiji's Kaidan'in from the mid-Kamakura period focusing on the achievements of the successive temple heads. During the time of the first head Enshō, the Kaidan'in, which began as a vinaya seminary, existed as a place where priests concurrently studied the various Buddhist schools. However, during the time of the second head Gyōnen, the Kaidan'in became a vinaya seminary focusing on the Kegon sect. I show that the Kegon predominance later decreased and by the time of the fifth head Shunsai, it became a vinaya seminary centered on the Shingon sect. Based on my hypothesis that elements of the Kaidan'in could be found in the architecture, organization, and annual events at Tōdaiji, I also analyzed historical sources such as *Kaidan'in kozu* (Early Kaidan'in Illustrations) and *Kaidan'in nenjū gyōji* (Annual Kaidan'in Events) from the Muromachi period. Through this, I found that the Kaidan'in shared organizational forms and functions with other Ritsu temples.

The Establishment of Tōdaiji's Kaidan'in

Tōno Haruyuki

Recent studies propose that a system for conferring the precepts in Japan had been organized in the latter half of the seventh century prior to the arrival of Jianzhen (J., Ganjin). However, thus far, nothing proves this argument; hence, the implementation of the practice of formally taking the precepts and following the monastic rules (vinaya) in Japan can be viewed as having begun with Jianzhen. Tōdaiji's Kaidan'in, which was established by Jianzhen, was a place where the preceptor monks resided and practiced together through communal living, and which functioned as a training ground. For this, rice fields were donated to the Kaidan'in as a means to provide for monks from other regions who went to Nara to study about the ordination and monastic rules. However, the condition in which the monastic rules were practiced at the Kaidan'in is unclear, though the writings of Fajin (J., Hōshin), Jianzhen's disciple who later became the preceptor monk (J., *kaiwajō*), serve as a reference in examining how they were practiced.

In this paper, I also discuss that the nature of the Kaidan'in greatly changed upon Jianzhen's departure from Tōdaiji when control over the rice fields went to Tōshōdaiji, which was planned as a reduced-sized version of Tōdaiji and which inherited many of the educational functions of the Kaidan'in for training the vinaya. In response to this, the Kaidan'in appears to have begun specializing in the transmission of the precepts and prioritizing its function in conferring the precepts to monks of state-sponsored temples.

Receiving the Precepts at Tōdaiji Today

Sagawa Sōgen

The formal ordination ceremony transmitted at Tōdaiji by Jianzhen (J., Ganjin, 688–763) around the mid-eighth century consisted of *jusshi gusoku* (the endowment of the ten masters (three preceptors and seven witnesses)), *byakushi-e* (the ordination ritual of one call by the abbot and three responses by the ordaining monks), in which one received the complete precepts to become a bhikshu, and *sanjujū no hō* (the ceremony for reception of the three classes), in which the ordainee received the bodhisattva precepts of the *brahma Net Sutra* (*Bonmōkyō*) to become a bodhisattva bhikshu.

These rites later underwent many changes, especially in the Heian period, when Saichō (767–822) systematized an ordination platform on Mount Hiei independent of and differing from the Nara temples and that limited the Brahma Net precepts to the specific teachings (*bekkyō*) and perfect teachings (*engyō*). The reception of the precepts continued to diverge, up to the early modern period, into the four branches of the Kaidan'in, Tōshōdaiji, Sennyūji, and Saidaiji, however, the Emeritus Abbot (*chōrō*) of Tōshōdaiji continue to confer the precepts at Tōdaiji in recent years. I was fortunate to receive the precepts from the Tōshōdaiji head priest on two occasions—once from May 6 to 9, 1959 (during the ceremony commemorating the 1200th memorial of Empress Kōmyō) and once from October 25 to 28, 1985 (during the ceremony to celebrate the completion of the restoration of the Daibutsuden). This paper presents modern aspects of this rite at Tōdaiji through these experiences.

From Tōdaiji's Kaidan'in to Tōshōdaiji

Hiramatsu Yoshio

In this paper, I attempted to reconstruct the layout of the Kaidan'in from the remains found on site, based on Fukuyama Toshio's plan. I examined the excavated eaves tiles and proposed the existence of a Karakunidō prior to the Kaidan'in. The analysis of the tiles also revealed the concentrated use of Tōdaiji-style eaves tiles during the construction period of the Kaidan'in, and the work of the chief solicitor Gyōyū (1163–1241) and priest Saikō Renjitsu during the Kamakura-period restoration of the this area. I then analyzed the tiles excavated from Tōshōdaiji and deduced that they were of the type that was used for the residence of Prince Niitabe. Through this I also found that the office that oversaw the construction of Tōdaiji created a tile type, which can be called "Tōshōdaiji style."

Moreover, the similar layout of Tōdaiji's Daibutsuden and Kaidan'in, as Sasaki Shizuka indicated, visually expresses the *Ritsuzō kendo* (Ritual Prescriptions in the Vinaya) monks' group. Although the similarities in Tōshōdaiji and Tōdaiji's Kaidan'in have been previously discussed, I show that these resemblances came about due to the succession of a domestic model, namely, the Tōdaiji-style layout.

第６回 ザ・グレイトブッダ・シンポジウム

平成19年12月22日（土）

１．《東大寺国際シンポジウム》

開会挨拶：上野道善（華厳宗管長・東大寺別当）
基調講演：東野治之（奈良大学教授）「東大寺戒壇院の成立」
全体討論会「日本仏教史における東大寺戒壇院」
総括・司会・進行：藤善眞澄（関西大学名誉教授）
パネラー：東野治之（奈良大学教授）
　　　　　蓑輪顕量（愛知学院大学教授）
　　　　　井上一稔（同志社大学教授）
　　　　　平松良雄（橿原考古学研究所主任研究員）
　　　　　狹川宗玄（東大寺長老）

２．華厳思想セクション

司　　会：小林圓照（花園大学名誉教授）
報　　告：佐々木閑（花園大学教授）「華厳の出家思想」
　　　　　蓑輪顕量（愛知学院大学教授）「鑑真の伝えた戒律と授戒会」

平成19年12月23日（日）

３．美術史学・建築史学セクション

司　　会：山岸公基（奈良教育大学准教授）
報　　告：三宅久雄（奈良大学教授）「東大寺戒壇院と正倉院宝物」
　　　　　井上一稔（同志社大学教授）「戒律文化と仏像」

４．歴史学・考古学セクション

司　　会：綾村　宏（東大寺史研究所所長）
報　　告：稲葉伸道（名古屋大学教授）「鎌倉後期の東大寺戒壇院とその周辺」
　　　　　徳永誓子（東大寺史研究所研究員）「経巻聖教からみた東大寺戒壇院」

全体総括・閉会挨拶：綾村　宏（東大寺史研究所所長）